コミュニケーション・スタディーズ入門

鈴木 健 編著

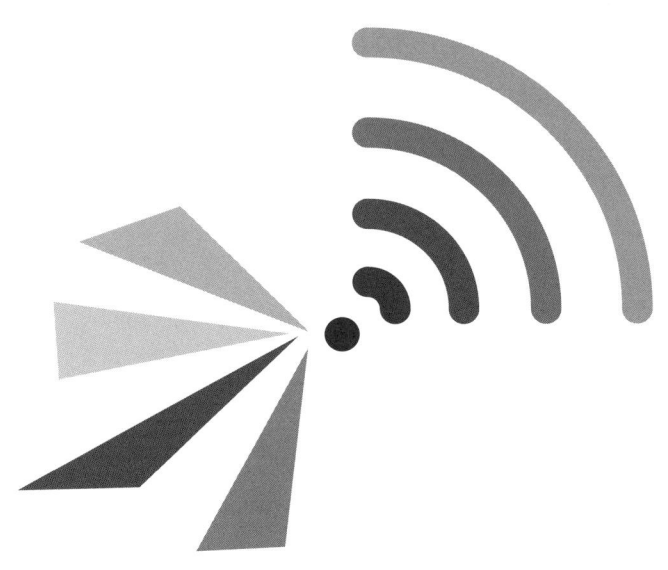

大修館書店

コミュニケーション・スタディーズ入門　目次

第 1 部：ものの見かた編

序章　コミュニケーション的有能さ　（鈴木　健）……………… 4
はじめに
コミュニケーション的有能さとは何か
コミュニケーション的有能さの研究アプローチ
協同学習のすすめ

第 1 章　説得コミュニケーション・コンピテンス：現代社会において承諾を得るための能力　（鈴木　健）……………… 17
1.1.　説得とは何か
1.2.　説得コミュニケーションの歴史
1.3.　説得コミュニケーションの主要理論
1.4.　説得とユーモア
1.5.　説得の前提 1：8 つの「秘密の必要性」
1.6.　説得の前提 2：文化的前提
1.7.　まとめ

第 2 章　対人と談話のコミュニケーション　（石川邦芳）……………… 40
2.1.　人と関わる能力
2.2.　対人コミュニケーションを構成するもの
2.3.　談話とコミュニケーション
2.4.　情報伝達の構造

第 3 章　社会とコミュニケーション　（出口剛司）……………… 64
3.1.　「社会」についての 2 つの見方
3.2.　『ほしのこえ』と失われる〈社会〉のリアリティ
3.3.　コミュニケーションと自己の「中」にある〈社会〉
3.4.　コミュニケーションと自己の生成メカニズム

    3.5. コミュニケーションと自己と他者たちの「間」にある〈社会〉
    3.6. コミュニケーションによる〈社会〉の再生産
    3.7. 〈社会〉を(再)構築するコミュニケーション

第4章　メディアとコミュニケーション　（大黒岳彦）………… 87
    4.1. コミュニケーションとメディア
    4.2. メディア技術と社会
    4.3. マスメディアとコミュニケーション
    4.4. マスメディアパラダイムからネットワークメディアパラダイムへ

第2部：実践編
第5章　組織コミュニケーション・コンピテンス：組織とメンバーの高パフォーマンスを導く能力　（山口生史）……………… 112
    5.1. 組織コミュニケーションとコンピテンス
    5.2. 組織コミュニケーション・コンピテンスの定義と分類
    5.3. 組織コミュニケーション・コンピテンスの効果
    5.4. コンフリクトに対処するコミュニケーション・コンピテンス
    5.5. チームを活かすファシリテーションとコーチングのコンピテンス
    5.6. まとめ

第6章　異文化間コミュニケーション　（根橋玲子）……………… 135
    6.1. 異文化間コミュニケーション・コンピテンス
    6.2. 文化スキーマ
    6.3. 文化とアイデンティティ
    6.4. 異文化との出会い
    6.5. まとめ

第7章　ジェンダーとコミュニケーション　（田中洋美）……………… 158
    7.1. ジェンダーとは何か
    7.2. 男女間のコミュニケーション問題と女性による異議申し立て
    7.3. 公私分離とジェンダー：公的領域への女性の参加と私的領域への男性

  の関わり
 7.4. 女性の連帯と女性同士の相互理解の難しさ
 7.5. 「男」／「女」の二分法を越えたジェンダー・アイデンティティとそれゆえの生きにくさ
 7.6. おわりに：ジェンダー・コミュニケーションと共有された意味の創造に向けて

第8章　社会ネットワークとコミュニケーション　（中里裕美）……… 181
 8.1. 社会ネットワークとコミュニケーション
 8.2. 社会ネットワークによる行為の制約と，その力の活用
 8.3. 社会ネットワークの力とその源
 8.4. 社会ネットワークの力を活用する能力
 8.5. まとめ

キーワード解説 ……………………………………………………… 204
あとがき ……………………………………………………………… 214
索引 …………………………………………………………………… 216

明治大学情報コミュニケーション学研究所補助事業

コミュニケーション・スタディーズ入門

第1部

もののみかた編

序章
コミュニケーション的有能さ

鈴木　健

> → あなたの周りでコミュニケーションがうまいと評判の人は，どのような人だろうか？　コミュニケーションのうまさには，種類があるのだろうか？
>
> → あなたの周りでコミュニケーション下手と思われている人は，なぜそのように評価されるのだろうか？　人によって，その評判が異なることはないだろうか？
>
> → コミュニケーション上手になるためには，どのような方法があるのだろうか？　自分の短所を直す方法は？　あるいは長所を伸ばす方法は？

はじめに

　本書の目的は，これまであまり専門家の間でも論じられることが少なかった「コミュニケーション的有能さ」(communicative competence) を考えることである。コミュニケーション・スタディーズ（Communication Studies）が学際的（interdisciplinary）であることに，異論の余地はない。これは強みであると同時に，弱みでもある。強みとしては，日常生活におけるコミュニケーション能力を上げる，異文化やメディアなど専門領域に特化して研究する，言語学や社会学など既存の学問とのインターフェイスとして発展させるなど，様々に異なったアプローチがコミュニケーション・

スタディーズでは可能であるということである。しかしながら、様々なアプローチが存在するということは共通認識が取りにくいという弱みにもつながる。その点で、「コミュニケーション的有能さ」という基本概念に関するコンセンサスが学習者や研究者の間で形成される有用性は計り知れないし、将来的にコミュニケーション・スタディーズが日本で発展していくためには必要不可欠であろう。

　時にコミュニケーション能力と呼ばれるコミュニケーション的有能さの研究には、海外において長い研究の歴史がある。例えば、森元（1993）によれば、コミュニケーション能力は、「本来、経験的な社会言語学で用いられていた用語であった。そこではある特定の社会関係や社会構造の質を表すコミュニケーション・コードを習得する能力として用いられてきた」（p. 477）。さらに森（1993）は、後述するハーバーマスのコミュニケーション理論の発展以降、コミュニケーション能力とは経験的に測定することで捉えられる能力ではなく、むしろ経験的な知識を構成していくための前提となる能力として考えられるようになったと指摘している。しかしながら、こうした認識は、日本のコミュニケーション学者の多くが言語学、文化人類学、哲学、ジャーナリズムなどを背景としており、必ずしも学部レベルからコミュニケーション学を学んできていないために共有されてこなかった。2003年時点で、日本国内には「コミュニケーション」という冠をつけた4年生大学と短大を併せて学部学科がすでに120校以上ある。これは20年前と比較して3倍以上である。それにもかかわらず、これまでコミュニケーション・スタディーズが何を研究して、何を目指す学問であるかという統一見解がなかったのはなぜであろうか。

　ひとつには、そうした新設学科の多くが、既存プログラムの改組の結果として設立されたケースが多いためである。最も典型的なパターンは、教養部の改組に伴ってコミュニケーション学部が設立されるもので、その他、文学部や教育学部の改組に伴うものもある。少なくとも数の上で見る限り、それが理論であれ実際のスキルであれ「コミュニケーションについて学生が学ぶ意義」が日本の教育界に浸透しつつある（鈴木, 1998）。その意

において，各大学が歴史を積み重ね，さらに大学院が次々と設置されつつある現状では，コミュニケーション・スタディーズが何を目指して，何がコミュニケーション的有能さを示すかという議論を避けて通ることはできない。著者一同は，本書が日本のコミュニケーション・スタディーズのさらなる発展のきっかけとなることを強く願っている。

まず導入の本章では，第一に，コミュニケーション的有能さの定義を説明する。さらに，なぜコミュニケーション的有能さを定義することが難しいのか，あるいは定義は可能なのかという問題も取り扱う。次に，コミュニケーション的有能さについて考えるためのアプローチ方法を考察する。心理的，社会的，あるいは批判的アプローチを取り上げ，また，コミュニケーション的有能さがどのような要素から構成されるのかを論じる。最後に，コミュニケーション的有能さを身につけるための協同学習の例を紹介する。

コミュニケーション的有能さとは何か

コミュニケーション的有能さの定義を論じる前に，「コミュニケーション」と「有能さ」という言葉を分けて考えてみたい。なぜならば，どちらの言葉も当たり前すぎて，多くの人が意味を知っていると見なしているが，実は正確な定義を知らない人が多いのではないだろうか。我々は，様々な形態のコミュニケーションに囲まれて日常生活を送っている。メディア学者ハンソン（Hanson, 2008）は，「コミュニケーションとは，話された言葉を通じてであれ，書かれた言葉，ジェスチャー，音楽，絵画，写真，ダンスを通じてであれ，どのように世界のすべてと社会的な相互作用を持つかである。最も重要なのは，コミュニケーションが動的な（dynamic）プロセスであり，静的な（static）ものではない点である」（p. 6）と述べている。

コミュニケーションは，「人々によって共有される意味が創造されるプロセス」（communication as the process by which shared meaning is created）としばしば定義される（鈴木，2010）。つまり，コミュニケーションとは，文化という文脈（context）の中で，言葉やそれ以外の手段（tool）

を用いて，意味が人々の間で共有されていく過程（process）である。コミュニケーションの語源が，キリスト教における集会を意味する「コミュニオン」から来ていることからもわかるように，上記の定義では「人々によって共有される意味」の部分が最も重要である。例えば，愛し合う恋人同士は言葉を交わさなくても黙って一緒にいるだけで濃密な時間を共有している。2人の間にはたしかにコミュニケーションが成立しているだけでなく，目に見えない相互作用（interaction）が生じており，時の経過と共に2人の関係には変化が生じる。逆に，女性の愛を得ようと男性が2人の間を言葉で埋め尽くそうとしても，相手は必ずしもすべてを聞いていないし，かえってムードに浸れないために2人の関係は深まっていかないかもしれない。

次に，コミュニケーションにまつわる「有能さ」（competence）の定義について考えてみたい。*Encyclopedia of Communication Theory* でチェン（Chen, 2009）は，コミュニケーション的有能さに関して，特定の文脈において他人を適切かつ効果的に解釈する個人能力，とした上で，「人間の基本的な必要性として，有能さは相互作用のプロセスにおいて意図した効果を相手に対して生じさせる度合いとして理解することが可能である」（p. 148）としている。チェンは，有能さを以下の5種類に分けている。それぞれは相互に関連しており，独立しているわけではない。

①**基本的有能さ**（fundamental competence）——異なった状況において，個人が効果的にコミュニケーションすることを手助けする認知的能力。
②**社会的有能さ**（social competence）——個人を，効果的な相互作用に導くような具体的なスキル。
③**言語的有能さ**（linguistic competence）——相互作用のプロセスの中で，言語やメッセージをうまく使いこなす知識と能力。
④**対人的有能さ**（interpersonal competence）——目標達成的であり，上手なコミュニケーションスキルをはっきりと表示することで課題を成し遂げる個人の能力。

⑤**関係的有能さ**（relational competence）——相互に依存した関係において，コミュニケーションを行う人々が目標を達成できる関係を構築する能力。

　一般に，コミュニケーション的有能さとは，「コミュニケーション能力」と単純に言い換えられることが多い。「あの人はコミュニケーションがうまい」「もっとコミュニケーションをしっかり取れ」とは日常よく聞く表現であり，コミュニケーション能力の基準に関しては，人々の間で共有されていると思われがちである。しかしながら，コミュニケーション能力を統一的な尺度で測定可能であるというのは誤解である。考えてみてほしい。はたして雄弁であったり，語彙が豊富な人だけがコミュニケーション能力が高いと言えるであろうか。朴訥でも人の心を打つ話し方ができる人は，コミュニケーションが下手なのであろうか。あまり発言をしないが，皆の意見をまとめることが得意な人はコミュニケーション能力が高くないのであろうか。人に向き不向きがあることを考えれば，単一の基準でコミュニケーション能力を測ろうとする非合理性が理解できる。

　知能の発達を扱う認知科学でも，近年は以前のような総合的な能力だけでなく，特定領域の（domain-specific）能力に着目した判定が行われるようになっている。まともに学校教育を受けていないはずの途上国のストリート・チルドレンが物売りに従事する際に，経済観念や暗算といった分野の能力を同年代の普通の児童より発達させているのが一例である。今後，コミュニケーション・スタディーズも，状況への適応力や細分化された分野の能力を含めた研究を，さらに進めていくべきである。あるいは，同一人物がある状況ではうまくコミュニケーションできたのに，別のよく似た状況で失敗したならば，その理由を分析することも重要である。というのは，独り言や夢などの個人内コミュニケーションを除けば，ほとんどのコミュニケーションには相手が存在しており，社会的・文化的・歴史的なコンテキストの中で行われる動的プロセスと捉えられる相互作用だからである。

　誤解を避けるために付け加えておくと，コミュニケーション能力の統一

的尺度が難しいからといって，コミュニケーション教育が無意味だと言っているわけではない。それどころか，パブリック・スピーキングは，アメリカではしばしば大学教養課程の必修科目であり，自己紹介，情報提供，冠婚葬祭，説得の演説を通じて，社会生活を営む上での最低限の技術（survival skills）を身につけさせる目的を持っている。また大学によっては，パブリック・スピーキングを，文系学部ではなく人づきあいが苦手な学生の多い理系学部の必修科目にしている。あるいは，対立をあおると思われがちなディベートも，リサーチ，データの提示，相手の議論への反論，自らの議論の反駁，チームワークなど，単なる自己主張を超えて幅広いコミュニケーション能力の養成を目的としている。

しかしながら，日本のコミュニケーション教育を見ていると基礎を抜きにして，いきなりディベートを導入しようとする動きがあることは気にかかる。本来なら，小学校低学年における「ショウ・アンド・テル」や高学年における情報提供のスピーチや，中等学校におけるディスカッション，高等学校におけるディベートというように段階別教育を行うことで，より効果的なカリキュラムが可能になると思われるからである。民主主義社会における構成員としての権利を行使して，さらに責任を果たす人物を育てるには，こうしたボトム・アップ式教育プログラムの構築を欠かすことができない（図1）。

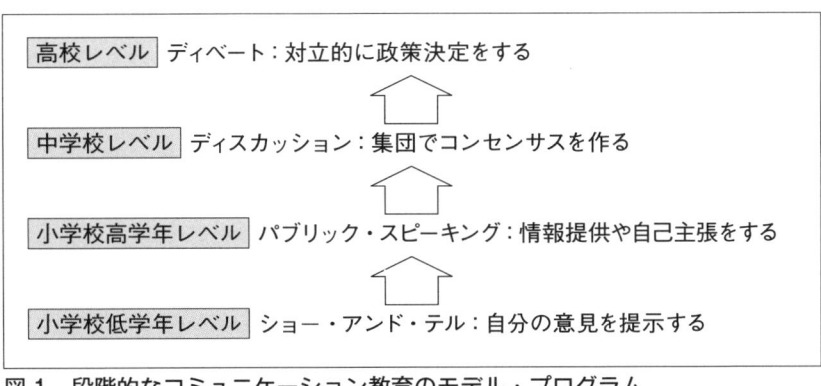

図1　段階的なコミュニケーション教育のモデル・プログラム
鈴木（2010）より作成

コミュニケーション的有能さの研究アプローチ

　はたしてコミュニケーション的有能さが個人の生まれつきの「特質」（trait）なのか，その場の状況における「状態」（state）あるいは現象なのか，あるいは受け手の「印象」（perception）なのかに関しては，論争が続いている（Chen, 2009）。特質と考える研究者は，コミュケーション的有能さを個人の生来の性質と見なして，ある人々は生まれながらにコミュニケーションが得意だとする。状態とする研究者は，コミュニケーション的有能さをパフォーマンスや現実の行動にともなうスキルと考えており，特定の相互作用の場面，時，あるいは文脈に影響を受けると考える。印象と見る研究者は，相互作用のプロセスで参加者同士が，関係的・対人的文脈の中で生み出す印象や知覚がコミュニケーション的有能さを決定するとしている。

　さらに，コミュニケーション的有能さの概念が専門家ごとに異なるように，コミュニケーション的有能さの研究にも様々なアプローチが存在する。チェン（Chen, 2009）によれば，それらは以下の3つに分けることができる。

①**心理的アプローチ**——個人行動の下にある精神的なプロセスに着目して，メッセージの生産と解釈に重点が置かれている。例えば，ウィルソンとサビー（Wilson & Sabee, 2003）は，メッセージの解釈に関して，見込み理論（expectancy theory）と帰属理論（attribution theory）を用いて，どのように人々が相互作用におけるコミュニケーションに注意を払い，解釈して，評価するかを説明している。また，メッセージの生産に関して，目標・計画・行動理論（goals-plans-action theory）と序列理論（hierarchical theory）を用いて，コミュニケーションを産みだし実行するプロセスを通した目標達成について分析を行っている。

②**社会的アプローチ**——関係論的，機能論的，文脈依存的なコミュニケーションの有能さに重点を置いている。人間関係の弁証法理論（dialectic theory）に代表されるように，弁証法的・対話的立場から相互作用にお

けるコミュニケーション行動の変化と多様性を吟味する。
③**批判的アプローチ**——哲学者ハーバーマス（Habermas, 1976）によれば，ある言語の生来の話者は発話中で自らの意図を伝える文章を用いるコミュニケーション的有能さを，直感的な法則の意識（intuitive rule consciousness）として持っている。有能さとは，正統的な，支配や従属関係のない社会的な関係の中で，正確で，適切なメッセージの交換を指している。

心理的，社会的，批判的な研究アプローチは，それぞれが異なった学問分野で発展してきたこともあり，必ずしも互換性があるとは言いがたい。しかしながら，分析対象とするコミュニケーション的有能さに関しては，以下のような3分野の共通構成要素を持っている（Chen, 2009）。

①**認知的能力**（cognitive abilities）——その場のコミュニケーション的状況と要求を認識する個人の能力。例えば，状況に合わせて，意識的に適切な言葉遣いをしたり，社会的に適切な発言をしたりすることが含まれる。空気が読めて，そつなくその場の要求に合うような自己提示ができる人が，一例である。
②**情緒的要素**（affective elements）——異なった文脈と参加者から起こる感情の変化に対応でき，前向きの返答を相手にして，相手からも受容される能力。自尊心がありながら，他人に対する尊敬の念がある。偏見を持たずに，他人の見方を受け入れられる。初対面の人にも緊張せずに，対応できる。短絡的に結論に飛びつかず，視野が広い人が当てはまる。
③**行動的側面**（behavioral aspect）——行動スキルを現実に適応することによって目標を達成する能力で，次の5つが含まれる。（1）効果的にメッセージを送る言語技術（message skills），（2）話を開始・終了・切り替える話術と非言語メッセージを使用できる相互作用管理能力（interaction management），（3）状況に応じて戦略を変更できる柔軟性（behavioral flexibility），（4）自分を知っており他人にもそれを伝えられる自己アイデンティティ管理能力（identity management），（5）自

らの必要性を満たし他人との相互作用で肯定的結果を達成できる関係養成力（relationship cultivation）。

　上記のような能力は，自宅にこもって本を読んで一人で考えこんでいても，上達しないことは明らかである。相互作用における有能さは，他人と交流して失敗や成功の体験を通じてしか伸ばすことができない。
　最後に，近年，注目を集めている協同学習の技法を紹介する。

協同学習のすすめ

　教育（teaching）という言葉には，教師から生徒・学生への一方通行的でつめこみのイメージがともなう。また，教育の効果測定は暗記した知識を試験で調べられがちである。試験がもちろん必要なことは言うまでもないが，短期記憶は試験が終われば，すぐに失われてしまう。その一方，学習（learning）は自主的で双方向的なものである。学習は，人間本来が持っている能力である。自転車に乗れるようになった人がしばらく乗らなかったからといって，乗り方を忘れることがないように，一度，身についたスキルは長期間持続する。

　協同学習（collaborative learning）とは，生徒・学生同士の学び合いの中から，理論を体験として，概念を現実として，また課題をシミュレーション（思考実験）として学ぶことを可能にする。その点で，「コミュニケーション的有能さ」を学ぶためには不可欠で，理想的な方法と言えるのである。著書『協同学習の技法』の中でバークレイ他（2009）は，以下のように説明する。

　協同学習の本質は仲間との学び合いにあります。学習課題を理解するためには，仲間同士が学び合うことを通して，学習仲間一人ひとりが課題を深く理解し，解決することができます。仲間との学び合いを通して，学習内容を理解することはもちろん，効果的な学び方が身につき，学びに対する意欲が増し，学ぶことの意味を発見することができます。また，学び合

える仲間，学びを支えてくれる教職員，学びの場を提供してくれる学校に対する捉え方が変化します。なによりも競争の激しい現実社会で豊かな人生を送るためには仲間との協力が不可欠であるという認識が鍛えられ，共同の精神が醸成されます。(p.i)

　具体的にはどのような協同学習の手法があるのであろうか。すべてを挙げることは煩雑と思われるため，コミュニケーション的有能さの養成に向くと思われる5つの方法をバークレイ他（2009）の著書から引用しておく。

①シンク＝ペア＝シェア——少しの時間，個人で考える。その後，パートナーと話し合い，お互いの回答を比較する。その後，クラス全体で共有する。(p.84)
②クリティカル＝ディベート——ある問題について，自分とは異なる立場から議論する。(P.84)
③ロール＝プレイ——自分と異なる人物を想定し，ある場面でその人物の役割を演じる。(p.110)
④ケース＝スタディ——現実世界の出来事を検討し，そこにあるジレンマの解決策を考える。(p.140)
⑤ペーパー＝セミナー——論文を書き，その論文のプレゼンテーションをおこなう。グループの中から選抜した数名の学生により公式な批評を受け，グループ全体で論文に対する総合的なディスカッションをおこなう。
(p.188)

　近年，「ゆとり世代」の大学生の学力低下に関する議論がかまびすしい。しかしながら，知識や情報を丸暗記するよりも，それらを現実世界の問題に当てはめて解決案を提示できる能力を育てるような教育方法に関する議論が，これまで日本ではあまりされてこなかった（鈴木，大井，竹前，2006）。
　この点で，協同学習とは，教育の効果を量的な問題に限定するのではな

く，質的な問題においても改善しようとしていく試みである。一方的なレクチャーや試験による評価を行うのではなく，リサーチに基づくグループ・プレゼンテーションや事例研究に関するディベートを通じて，知識を血肉の通ったものとして習得して，既得権益を崩すような大胆なプランや旧来的な発想では受け入れがたかった柔軟な提案ができる学生を育てていくことが，今後の日本教育界の使命である。同時に，「無縁社会」が現代日本社会を形容するキーワードとなりつつあるように，学び合い，助けながら協同で問題解決にあたる経験を学生時代に学んでおく重要性はいくら強調しても強調しすぎることがない。社会の歯車となるのではなく，社会を動かす原動力やテコとなる意欲と能力を持った人材を育成するためにも，協同学習を通じてコミュニケーション的有能さを伸ばしておくことが必要なのである。

　本書では，説得，社会，組織，対人，異文化，メディア，ジェンダーなど様々なテーマが扱われる。各章では，それぞれのコミュニケーション研究分野の基本理論に触れるだけでなく，プレゼンテーションやレポートのテーマ設定に役立つような質問と，学生が興味を持てるような具体的なエクササイズを取り入れている。コミュニケーションについて学ぶということは，試験のために知識を丸暗記することではなく，よりよい現代社会の一員として他の構成員と人間関係を構築し，自らの意見を提唱し，相手の意見も聞きながら交渉や折衝し，最善の決定を目指していくことである。我々がコミュニケーション的有能さを獲得する手段として目指すべきは，問題の設定，情報収集と分析，複数の解決案の提示，解決案の実施と修正の4段階からなるクリティカル・シンキング（批判的思考法：critical thinking）の手法であり（図2参照），最終的に目的として目指すべきは，実践的な英知（practical wisdom）の習得なのである（例えば，アリストテレス，2009及びSpitzberg, 2011を参照）。

＊

　最終的に本書を通じて読者が，コミュニケーション・スタディーズが単なる寄せ集めの学問領域ではなく新たな問題解決の方法であることを理解

```
┌─────────────────────────────────────────────────────────────┐
│ 第1段階：問題解決のスタート（problem-solving）              │
│ アイディアを出す ◄------------------ 確認ポイント：変化に偏見や恐 │
│   れはないか？　新しい可能性を考えているか？                │
│     1．ブレーンストーミング                                 │
│     2．専門家や関係者との意見交換（interaction）            │
│ 第2段階：情報の収集と取捨選択（intelligence gathering）     │
│ 複数の案を吟味する ◄---------------- 確認ポイント：参加者は，批判 │
│   的な意見にも耳を傾ける態度があるか？                      │
│     1．必要で十分な情報が吟味されたか？（information）      │
│     2．必要で十分な事例が吟味されたか？（observation）      │
│     3．現状の問題は質的量的に理解されたか？                 │
│       （qualitative and quantitative significance）         │
│ 第3段階：解決案の提示（reasoned decision-making）           │
│ 最終案の決定理由をチェックする ◄------ 確認ポイント：提示は，明瞭で │
│   わかりやすくなっているか？                                │
│     1．十分な理論的な根拠があるか？（reasoning）            │
│     2．十分な例証が示されているか？（example）              │
│     3．価値判断の基準は示されているか？（criteria for value judgment） │
│ 第4段階：問題解決の実行（implementation）                   │
│ 意志やプランの最終決定をする ◄-------- 確認ポイント：案の実行に問題 │
│   があるならば，どうすればよいか？（change of belief or action） │
└─────────────────────────────────────────────────────────────┘
```
図2　クリティカル・シンキングの手法　　　　　鈴木，他（2006）より作成

して，現代社会の相互に矛盾した情報を取捨選択し，権威として疑われることがなかった知識を批判的に検証し，国内外の問題の解決案を複数提示して比較検討する手段を獲得することを著者一同願ってやまない。

◆参考文献
アリストテレス（2009）『ニコマコス倫理学』（上・下）高田三郎（訳）岩波書店
鈴木　健（1998）「21世紀の日本におけるコミュニケーション教育：提言その
　　1　日本のコミュニケーション教育の望ましい未来像とは？」『1998年日本
　　コミュニケーション研究者会議 Proceedings』南山大学，33-58ページ
鈴木　健（2010）『政治レトリックとアメリカ文化―オバマに学ぶ説得コミュ
　　ニケーション』朝日出版社

鈴木　健・大井恭子・竹前文夫（編著）(2006)『クリティカル・シンキングと教育―日本の教育を再構築する』世界思想社

森元　孝 (1993)「コミュニケーション能力」『新社会学辞典』有斐閣, 476-477 ページ

バークレイ, E., クロス, P., メジャー, C. (2003)／安永　悟（監訳）(2009)『協同学習の技法―大学教育の手引き』ナカニシヤ出版 (Barkley, E., Cross, P., & Major, C. *Collaborative Learning Techniques: A Handbook for College Faculty.* San Francisco, CA: Jossey-Bass.)

Chen, G. (2009). Competence theories. In S. W. Littlejohn & K. A. Foss. (Eds.), *Encyclopedia of communication theory. 2 vol.* (pp. 148-152). Los Angeles, CA: Sage.

Hanson, R. E. (2008). *Mass Communication: Living in a Media World.* 2nd ed., Washington, D. C.: Congressional Quarterly.

Harbermas, J. (1976). *Communication and the evolution of society.* T. McCarthy. (Trans.) Boston, MA: Beacon Press.

Spitzberg, G. H. (2011). The interactive media package for assessment of communication and critical thinking (IMPACCTR): testing a programmatic online communication competence. *Communication Education 60*, pp. 145-173.

Wilson, S. R., & Sabee, C. M. (2003). Explicating communicative competence as a theoretical term. In J. O. Greene & B. R. Burleson. (Eds.), *Handbook of communication and social interaction skills* (pp. 3-50). Mahwah, NJ: Lawrence Erlbaum.

第1章
説得コミュニケーション・コンピテンス：
現代社会において承諾を得るための能力

鈴木　健

> ➡ あなたの所属する集団（学校，ゼミナール，サークル，共同体など）で，意見が対立した時，どのように他のメンバーを説得するか？
>
> ➡ あるCMが良い印象を残して，あるCMがまったく印象に残らないのはなぜか？　またCMの目的は，商品を買ってもらうことだろうか，それとも商品イメージを良くすることだろうか？
>
> ➡ あなたが好きな政治家が魅力的に見える理由はなにか？　また，好きな政治家の政策に必ずしも納得できないのはなぜか？　選挙時のマニフェストを守ることと，選挙後にはマニフェストにとらわれずに最適な政策を模索することのどちらがよいのか？

1.1. 説得とは何か

　説得（persuasion）とは，人々にある行動を取らせるために，強制（coercion）ではなく，倫理的・感情的・文化的に妥当な理由づけによって行動を促す試みである（Larson, 1995）。現代社会において，「説得とは何か」を理解しておくべき3つの理由がある。第1に，説得は，他人に影響を与える民主的・人間的な行為である。民主主義を機能させるには，自由で活発な意見交換（the exchange of opinions）を欠かすことができない。効果的に人々を説得する方法を知っておく重要性は，いかに強調しても強調しすぎることがない。第2に，われわれは，日常，様々なメッセージに

さらされている。新聞や雑誌，テレビや映画，ＣＭ，政治演説から，学校の授業まで，提供されるメッセージの例には枚挙のいとまがない。米国雑誌 *Advertising Age* によると，平均的アメリカ人は1日5,000以上の説得的メッセージにさらされている (Larson, 1995)。説得について学ぶことは，他者を説得する戦略を学ぶだけではなく，他者のメッセージを批判的に読み解き，建設的な批判をするためにも必要である。最後に，メディアの時代に入って，われわれは情報不足ではなく情報過多の状況に置かれている。インターネットを例に考えてみても，保守派とリベラル派，自国と他国代表者，国際派と民族派など，相互に矛盾するメッセージに，われわれはしばしばさらされている。トフラーが1980年代に指摘したように，人類は農業革命, 産業革命に続いて, 工業革命（technical revolution）という「第三の波」("the third wave") にさらされている (Tofler, 1980)。こうした状況では，重要な情報を取捨選択し，異なったソースでダブルチェックするスキルが欠かせない。選択した情報を解釈する体系的知識と分析能力を抜きにして，グローバリゼーションが急速に進む社会においては成功するどころか，生き残ることすらできない。

　本章では，説得コミュニケーションを考察するために以下の構成を取る。最初に，説得の主要理論を概観する。次に，説得とユーモアの関係を考察する。最後に，説得の内容的・文化的な前提条件を考察する。

1.2. 説得コミュニケーションの歴史

　歴史上初めての説得コミュニケーションの理論書は，アリストテレスが1300年以上前に書いた『弁論術』である。彼は，レトリックとは「いかなる状況においても可能な説得の手段を見出す能力である」と定義したが，これは世界で初めてコミュニケーション的有能さを明示した例と言える。なぜならば，アリストテレスは美辞麗句のような「言説」(discourse) ではなく説得「能力」(ability) がレトリックであると述べることで，コミュニケーション能力の高さを，語彙の豊富さや知識の多さではなく現実的な状況に柔軟に対応できることと指摘したのである。レトリックを考える

際に,「好機」(kairos) というコンセプトを抜きに語ることはできない(例えば, Sheard, 1993 を参照)。これは神学用語で,神によって永遠の計画の中に定められた時,決定や行動に適した時を示している。説得とは,正しいタイミングで正しい(それが言語的なものであれ,物質的なものであれ)メッセージを提示する技法である。例えば,命からがらようやく砂漠を渡りきった旅人は,ダイヤモンドと一杯のコップの水のどちらを選ぶであろうか？ 普段ならダイヤモンドを選ぶ人でも,脱水症状で今にも死にそうな状態でなら,一杯のコップの水を選ぶはずである。

また,アリストテレスは,「論理に基づく説得」(logos),「感情に基づく説得」(pathos),「話者の**信憑性**(☞210 ページ参照)に基づく説得」(ethos) という 3 つの方法を提唱した。もちろん,それぞれは相互に排他的ではなく,説得を目指す人は 3 つの方法論を総動員することになる。例えば,消費税増税の必要性を政治家が国民に説明する時に,「増税分は,福祉目的税化して年金財政の改善にだけ使って,赤字の穴埋めには使わない」という因果関係を説明するのが論理的説得であり,「現状では,若い世代ほど年金掛け金と受給額の割合が払い込み損になっており,彼らの老後が悲惨になる」と訴えることが感情的な説得であり,「世代間の不公平を是正することが,長期的に見て日本の国益にかなうと私は信じる」と話者の善意を強調するのが倫理的な説得である。

現代的説得コミュニケーション研究が始まったのは,第一次世界大戦中である。アメリカ合衆国に公共情報委員会(別名,クリール委員会)が設立されて,第一次大戦が「世界を民主主義によって安全にする戦争」と位置づけられて,「敵国のドイツは悪魔,米国は正義の使者」という二分法が用いられた。1925 年,クリール委員会メンバーであったバーネイズは,『プロパガンダ』(Bernays & Miller, 2004)を書いて広告宣伝業界の指導者となった。彼は,女性の喫煙習慣を作り出したことによって有名になった。当時,ほとんどの女性はタバコを吸わなかったが,「女性はタバコを吸いましょう」という直接的なメッセージを出すかわりに,「タバコを吸うとやせられる」とか,女性がタバコを吸う姿を「自由の女神の姿」そのもの

だと評するといった，女性がタバコを吸いたくなるような「状況」を作りだした。さらに，1922年，クリール委員会メンバーで『世論』(1987)を書いたリップマンは，民主主義では「合意の捏造」によって，多くの人々が形式上の選挙権を持つ事実を克服できると考えた。つまり，たとえ大衆の形式的政治参加があっても，大衆の選択や態度を一部エリートの思ったとおりにすることが可能と考えた。

その後，第二次世界大戦中に，ホブランドが，ナチスのプロパガンダに対抗するために，合衆国戦争省の依頼を受けて説得の数量分析的な研究を行った。ホブランドは，終戦後にエール大学コミュニケーション・態度変容研究プログラム責任者になり，彼と同僚の研究は，現代に至るまで用いられている様々な説得コミュニケーションの理論を生み出した（例えば，Bernays, 2004 を参照）。

特に有名なのが，以下に説明する「エール方式」(Yale approach) と呼ばれる5段階の理論である（Hovland, Janis, & Kelly, 1953）。

①**注意**（attention）——これは，聴衆をメッセージに集中させるプロセスを指しており，単なる身体的活動というより，能動的で心理的活動である。われわれは，日常あまりにも多くのメッセージにさらされているために，自分に関係があり関心が高いメッセージにだけ選択的に注意を払う傾向 (selective attention) がある。また，意識的または無意識的に自分の意見をサポートしたり強化したりするメッセージの多い環境に身を置き (selective exposure)，逆に，自分の意見に反したり批判的意見を避けることも多い。他人を説得しようと思ったら，問題が重要であると示すデータを見せる，おもしろい冗談を言う，セクシーな外見をする，ショッキングな写真を見せる，歴史的な名言を引用する，興味深い物語を語るなどの工夫が必要である。

②**理解**（comprehension）——日本語でも，「聞く＝身体的行動」(hear) と「聴く＝精神的行動」(listen) の意味が大きく違うように，真の理解とは，聞き手が認知的に話し手のメッセージの解釈に参加するプロセスであ

る。他人を説得するためには，注意を喚起するだけでは十分ではなく，次の段階でわかりやすい説明と単純なメッセージを用意しておく必要がある。また，最初から現実的な希望の提案をするよりも，最初はダメで元々でかなり水増しした希望からだんだんと下げていったり（**段階的要請法**（☞211ページ参照）），逆に，必ず相手が受け入れ可能な提案から始めてだんだん提案のレベルを上げていく（**譲歩的要請法**（☞211ページ参照））といったテクニックも大事である。

③**受諾**（acceptance）──メッセージが，聴衆の態度，信念，意図，あるいは行動などの変化を達成することに相当している。つまり，単にメッセージがターゲットに受け入れられただけでなく，変化を引き起こすという目標が達成されたかどうかまでが含まれている。この段階では，メッセージの中身（content）と話者の信憑性（source credibility）が大きく関わってくる。例えば，話者自身が魅力的なら，メッセージの中身がよくわからなかったり魅力的でなかったりしても聴衆に支持される時もあれば，逆に，話者自身が魅力に乏しければ，たとえその人物のメッセージが魅力的であっても対抗相手のメッセージが選択されることがある。

④**保持**（retention）──もし聴衆が説得されたとしても，効果が一時的であってはあまり意味がない。望ましい行動が実際に取られるように，メッセージは長期間にわたって維持されなければならない。他人を説得する場合，口約束だけでなく，署名してもらったり，ボランティア活動に登録してもらうことで彼らに誓約させることが必要となる。例えば，2008年大統領選で，ヒラリー支持者には，初回で個人献金額の上限の$2,300に達した大口献金者が多かった。それに対して，オバマ支持者は小口献金者が多かったため，メールを利用して何度でも再献金を依頼することで，かえって支持者の誓約を強化することができた。

⑤**行動**（action）──最後の段階で，説得的なメッセージが要求した具体的な行動の変化がなされる。説得コミュニケーションを分析する際，単にメッセージが大衆に受け入れられたかどうかだけでなく，上記の5段階で，様々な聴衆にどのようにメッセージが解釈されたかを分析する必要がある。

また，他人をなんとしても説得しようと望むのならば，各段階でどのような戦略を組むかを考えなくてはならない。

またコミュニケーション学者のモンロー，エニンガー，グロンベックは，「動機づけの配列」（motivated sequence）という5段階を提唱している（Monroe, Ehninger, & Gronbeck, 1982）。このフォーマットは，CM等でもしばしば用いられている。最初が，「注意喚起の段階」（attention step）である。エール方式の第1段階でも述べたように，ここでは聴衆の注意を引くための工夫を凝らす必要がある。例えば，シャンプーのテレビCMであれば，「あら，肩にフケがついているわよ」とうら若い女性が知人に指摘されるシーンである。第2が，「必要性の段階」（need step）である。**受諾獲得戦略**（☞209ページ参照）のポイントは，説得しようとする相手にどのような利益を提供できるかである。特に，ここでは5節で後述する，8つの「秘密の必要性」が参考になる。シャンプーのCMであれば，髪のクローズアップが映し出されて，枝毛だらけの傷んだ表皮が示される。第3が，「視覚化の段階」（visualization step）である。ここでは，実例，データ，専門家の証言などが使われることが多い。シャンプーのCMでは，おすすめの商品を使うことで髪のキューティクルが回復するプロセスが視覚化される。第4が，「満足の段階」（satisfaction step）である。シャンプーのCMでは，長い髪の女性が髪をなで上げながら，いかに美しい髪が得られたかを誇るシーンが流されることが多い。アドバイスに従ったことでこんな良い結果になった，あるいはアドバイスに従わないとこんなひどい結果になったと示される。最後が，「行動の段階」（action step）である。人間は移り気であり，記憶はすぐに忘れられる。ここで示される行動は，具体的であればあるほど，簡単なことであればあるほどよい。通信販売のCMで，最後に覚えやすいフリーダイヤルの電話番号が示されるのはこうした理由である。通常，ここで商品名が強調されて，購入へのアピールがなされる。期間限定や数量限定などのキャンペーンが提示されることも多い。

> **エクササイズ1：**
> 自分が広告プランナーになったつもりで CM を作ってみよう！
>
> わたしは，（　　　　　　　　　　　　　　　　　）に対して
> 　　　　　（　　　　　　　　　　　　　　　）の CM を提示します。
>
> Step 1 注意喚起の段階
> （具体例　　　　　　　　　　　　　　　　　　　　　　　　　）
> Step 2 必要性の段階
> （具体例　　　　　　　　　　　　　　　　　　　　　　　　　）
> Step 3 視覚化の段階
> （具体例　　　　　　　　　　　　　　　　　　　　　　　　　）
> Step 4 満足の段階
> （具体例　　　　　　　　　　　　　　　　　　　　　　　　　）
> Step 5 行動の段階
> （具体例　　　　　　　　　　　　　　　　　　　　　　　　　）

1.3. 説得コミュニケーションの主要理論

　社会心理学には，以下のような5つの説得コミュニケーションの主要理論がある（Frymier & Nadler, 2010；Larson, 1995）。

①**社会判断理論**（social judgment theory）——この理論は，受け手の説得的メッセージの処理には2つの要素が関わるとする（Sherif & Sherif, 1967）。最初の要素が「アンカーポイント」（anchor points）で，頼みの綱を象徴する判断基準である。人は人物，論点，商品などを比較する場合，心に参照するポイントを持っている。例えば，学生が「あの先生の授業は難しい」と言った時，彼らは基準となる「（皆が知っている）授業が理解しやすい先生」のイメージを持っている。アンカーポイントが強力であるほど，その影響も強くなる。単位の取りやすさを履修の選択基準にする学生には，授業の難しさは強力な否定的要素として機能するし，授業から得られる学習効果を重視する学生には，必ずしも絶対的な選択要素にはなりえない。

　アンカーポイントは，3つのレベル（levels of commitment）に分けら

れる。最初が受容可能範囲（latitude of acceptance）で，積極的と消極的の区別はあっても，この範囲の選択肢はすべて受容可能となる。次の段階が拒絶範囲（latitude of rejection）で，この範囲の選択肢は不寛容や嫌悪といった違いがあっても，すべて受け入れ不能である。最後が，両者の中間であり，あいまいな範囲（latitude of noncommitment）である。この範囲の選択肢には，人々は特定の意見を持たないため，賛成論と反対論の検討もいとわない。例えば，「取りやすいところから取る」と評判が悪くてもタバコ税増税は多くの非喫煙者にとって受容可能であり，「財政が危機的状況を迎えている」と喧伝されても消費税増税は日本では拒絶の範囲となっている。それに対して，所得税増税や行政サービスの低下は，「もし必要に迫られれば」というあいまいな範囲となることが多い。

　もう1つの要素が，銘柄，論点，候補者に対する受け手の「自我の関与」（ego-involvement）である。選択が受け手にとって重要であればあるほど，自我の関与は増す傾向がある。例えば，ある大学出身の国会議員が一人だけであれば，同窓生による強いサポートが予想される。その議員に，「国会議員を輩出している大学」というブランドがかかっているからである。しかし，多くの議員を輩出している大学では，卒業生が特定の議員に肩入れすることはあまりない。彼（女）が当選しようと落選しようと，他に多くの同窓生議員がいるので，ブランドに対する影響が少ないからである。

②**一貫性と認知的不調和理論**（consistency and cognitive dissonance theory）――一貫性理論とは，緊張状態が発生した時，人は緩和したいと欲するという前提に基づいている（Heider, 1958；Newcomb, 1953）。人は葛藤や他人の意見との相違を感じた時，自分を納得させるか他人を説得することでバランスを取ろうとする3つのパターンがある。最初が，ある対象に同様の否定的態度を持つ者同士が，お互いに親和的態度を取る場合である（例：酒が嫌いな2人が恋人になって，職場の飲み会を避けて別のイベントに参加する）。次のパターンが，同様の肯定的態度を持つ者同士が，お互いに親和的態度を取る場合である（例：鹿島アントラーズを好きな2人がつきあうようになって，毎週一緒に試合の応援に行く）。最後が，あ

る対象に意見が異なる者同士が,お互いを嫌う場合である（例：熱烈な民主党支持者と民主党嫌いの人が,私生活でも口も聞かない関係になり陰でも悪口を言い合う）。精神的バランスが取れている状態に関しては,**図1**を参照していただきたい。

三角形は,AさんとBさんの関係と対象物への態度を表している。○（＝好き）が1つで×（＝嫌い）が2つ,または,○が3つの時は,精神的安定が得られる。しかし,○が2つで×が1つ（例：お互いに好意を持った同士で,あるサッカーチームの好き嫌いが分かれる）には認知的不調和が生まれ,○が2つで△が1つ（＝妥協）（例：不本意ながら大嫌いな人と共に共通の敵と闘わねばならない）の時にも,不調和の種を抱え込むことになる。

「調和理論」（congruity theory）によれば,人はすでに持っている意見と反する意見や情報に出会った時,自分自身あるいは反対する意見のどちらかを変えるようにという圧力を感じる（Festinger, 1962）。なぜならば,人は以前の「調和」を取り戻したいと欲するからである。例えば,結婚相手を選ぶ際に,愛情,性的魅力,知的相性,ライフスタイルなどを考慮する。しかし,結婚してみて初めてわかった部分が気になり,ケンカになることも多い。そうした場合には,相手にイヤな部分を直してもらう,相談して妥協点を探る,離婚して別の相手とやり直すなどの選択肢がある。

表1を見ると,結婚後に「不調和」を感じた時に,離婚を選択する日本人が最近40年間で約2.5倍に増えていることがわかる。このように調和

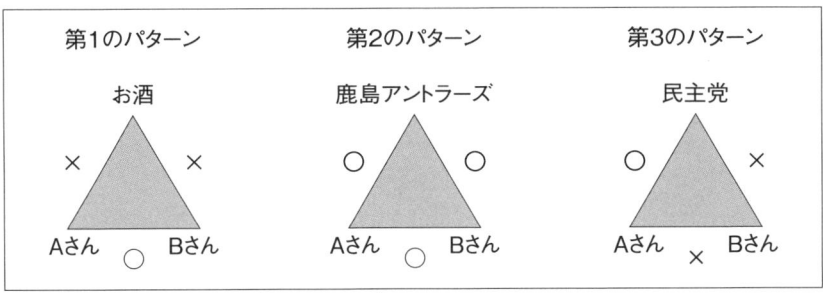

図1　精神的バランスが保たれるパターン

表1　婚姻・離婚件数の年次推移
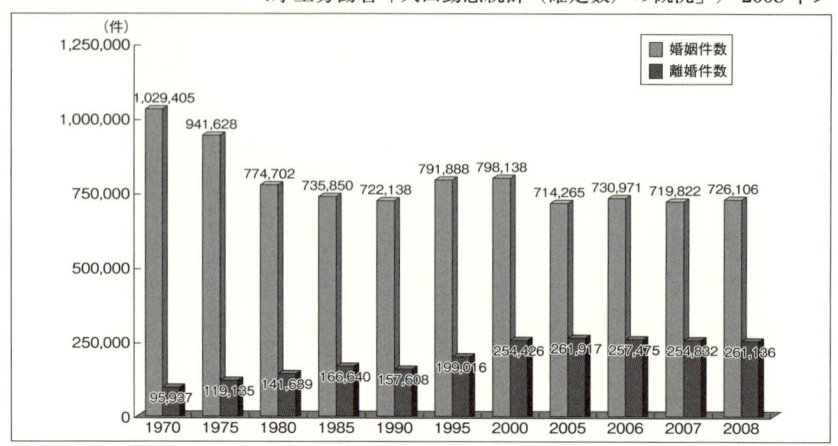
＜厚生労働省「人口動態統計（確定数）の概況」／2008年＞

を達成する手段は，時代や地域，世代，社会階層によって異なる。ただし，こうしたデータの読み方には注意が必要である（例えば，ハフ（1968）を参照）。なぜなら数字通りに読むと，「結婚する人の3人に1人が離婚する」計算になるが，一人で何度も離婚する「リピーター」がいるために数値が高く出ているだけである。実際には，一生を同じ人と添い遂げる人もまだ多いのである。

③**帰属理論**（attribution theory）――これは，どのように人が内部，または外部要因に影響を受けて選択を行うかを説明している（Kelly, 1971）。内部要因は，個人の傾向や性格であり，外部要因は，個人に影響を与える社会状況である。ケリーは，そうした要因が人々の行動に与える指針を示している。第1の要因が，「コンセンサス」である。昔，ビートたけし（北野武）が「赤信号，みんなで渡ればこわくない」という標語で笑いを取ったが，われわれはほとんどの人が同じ行動をすれば外部的コンセンサスがあると判断する。第2の要因が，一貫性である。個人の過去の傾向は，将来の行動予測の指針となる。例えば，めったに遅刻しない学生がたまに遅刻しても内部的要因を考えた時，次の授業にその学生が時間通りに来る可能性は高い。第3の要因が，特殊性である。外部的な特殊事情があった場

合，人の意志決定に影響を与える。例えば，寒波の来襲によって気温が下がった場合，1限の授業には遅刻する学生が増えると予測される。

　帰属理論を発展させたのが，ベム（Bem, 1972）の「自己知覚理論」（self-perception theory）であり，「人は，他人の観察者であるのと同様，自分自身の観察者でもある」と主張する。これには2つの基礎条件がある。最初の基礎条件が，個人は自己の態度や感情などの精神内部の状況を，自己の表だった行動の観察と外部的状況から判断するということである（例：ある人と一緒にいると楽しい気分になるので，もしかすると自分はその人が好きなのかと思う）。次の基礎条件が，内部的手がかりが弱かったり，あいまいだったり，解釈不能だったりした時，個人は説得的メッセージや外部的な状況に影響されやすくなる（例：好きなはずの人となぜかしっくりいかないことが続いた時，親友のアドバイスによってその人との別離を決心する）。

④**理由づけ行動**（reasoned action）と**計画行動**（planned behavior）──フィッシュバインとアジェン（Fishbein & Ajzen, 1975）は，内部的な態度だけでは行動予測はできないとして，人々の行動に対する態度と，他人がそうした行動をどれほど重要視するかが，彼らの意図や行動への実行計画に影響を与えるとした。また，イーグレーとチャイキン（Eagley & Chaiken, 1993）は，「態度」（attitude）を「好き嫌いを伴う評価が，特別な存在に対し表明される心理傾向」と定義している。この場合の評価には，表だったもの，ひそかなもの，認知的・感情的・行動的なもののすべてが含まれている。その際，人々は自分の決断が，どのように他人に評価されるかを考えて計画的に行動するという理論である。例えば，花粉症で仕事の調子が上がらない人が，花粉症に免疫がある上司には理解してもらえないと思って症状をグチるのを控える。あるいは，社会的に禁煙の機運が高まっている時に，周りからプラスに評価されることを計算して禁煙宣言をする，などが一例である。

⑤**精密化見込みモデル**（elaboration likelihood model：ELA）──ペティとカシオッポ（Petty & Cacioppo, 1986）は，説得的メッセージは2つの通

り道を通じて解釈されるとした。最初のルートが,「中央の通り道」(central path)であり,ここで説得的メッセージが解釈されるには多くの資料や理由づけが必要となる。この通り道を経由するメッセージには,自宅や自家用車の購入など重要な決断が多い。それに対して,感情的メッセージが解釈されるのが「周辺の通り道」(peripheral path)で,単純なヒントが決断のきっかけになることも多い。例として,昼食を和食にするか洋食にするかなど,あまり重要でない選択があてはまる。実際,われわれは「今日は和食にしない?」と友人に誘われたので,あまり考えずに「そうしよう」と同意することは多い。

　周辺の通り道を経由した決断は短期的影響しか持たず,われわれの行動もそれほど変化しないのに対して,中央の通り道を経由した決断は長期的影響を持ち,われわれの態度を大きく変化させる傾向がある。さきほどの例ならば,ある日の夕食が和食でも洋食でもその人の好みが変わることはないが,借家に住んでいた人が一念発起してマイホームローンを組む決断をした場合,その後の生活設計や価値観に変化が生じる可能性が高い。

1.4. 説得とユーモア

　ユーモア(humor)とは,こっけいに見えたり,人々の笑いを誘うメッセージである。シェークスピアが,『恋の骨折り損』(*Love's Labour's Lost*)で「冗談が栄えるのは聞く耳によるもので,話し手の舌によるものではない」("a jest's prosperity lies in the ear of him that hears it, never in the tongue of him that makes it.")と喝破しているが,ユーモアは話し手の意図よりも,聞き手がどのように解釈したかが分析の中心となる。また,ユーモアは意図されたものだけでなく,言い間違いのような偶然の産物が笑いを誘うことも多い。

　ユーモアが説得的メッセージに頻繁に用いられる分野には,広告宣伝がある。パーロフ(Perloff, 1993)は,全広告の40%がユーモア訴求であると論じている。よく知られた広告宣伝のテクニックに,「AIDMAの法則」がある。AIDMAは,attention(注意を引く),interest(興味を持たせる),

desire（欲求を起こさせる），memory（記憶に残す），action（行動を取らせる）の5段階の頭文字を取ったものである。さらに，CM作家兼批評家の山川（1980）は，ヒットするCMの条件にpop（はじける）を付け加えて，「AIDMAPの法則」を提唱している。例えば2009年，LOTTEの噛むとやわらかいガムFit's（フィッツ）のCMでは，1960年代に人気のあったテレビアニメ「狼少年ケン」のテーマソングの替え歌に乗って，パパイヤ鈴木が振り付けた奇妙なダンスをすることで視聴者に強いインパクトを与えた。

　しかし，日本のCMは外国のCMと比較すると，わかりやすい語呂合わせのような単純な笑いにたよりがちである。世界的なCMコレクターが編集した『世界のCMフェスティバル2001 第一部』を見ると，ドライな笑い，ニヤリとする笑い，ナンセンス，皮肉，思わず感心，ほのぼの，意外性，さらに，あまり笑えないものから意味不明なものまで，ユーモアにも様々な種類があることがわかる。

　ユーモア研究の分野には，以下のような3つの主要理論がある（Meyer, 1990；Lynch, 2009）。ただし，それぞれは異なった機能を説明しているために，1つのジョークに複数の理論が当てはまることも多い。

①**優越理論**（superiority theory）——他人を笑うことで，疲弊した現行制度を矯正するニュアンスがある。社会改革のような抜本的な改革ではなく，社会療法（social corrective）と見ることができる。例えば，1981年，共和党のレーガンが大統領に就任した時，アメリカは長引く不況とヴェトナム戦争のトラウマを引きずっていた。彼は，規制緩和，減税，権限の地方委譲を断行しただけでなく，「大きい政府」を信奉する民主党をしばしば笑いものにした。特に，1984年の再選キャンペーンでは，増税による財政再建をしなければ大変なことが起こる，と繰り返した民主党モンデール候補に，悲観的なことばかり言う「終末論者」（doomsayer）というレッテルを貼って地滑り的大勝に結びつけた。実際，誇張された**恐怖アピール**（⇒205ページ参照）は逆効果に働くことが心理学の研究でもよく知られて

いる。

②**解消理論**（relief theory）——ユーモアが，その場の緊張を緩和するという考え方である。ユーモアが起こる前提として，何か困った問題や考えが提示されて，緊張状況が生まれる。その緊張を解消するため，ユーモアが用いられる。例えば，沈みかかったタイタニック号の船長が，救命ボートが足りないので海に飛び込む志願者を募集するというジョークがある。最初，「今，飛び込むのは勇敢な行為ですよ」と耳打ちして，アメリカ人乗客に飛び込ませるのに成功する。次に，「今，飛び込むのは倫理的に正しい行為ですよ」と耳打ちして，ドイツ人乗客を自発的に飛び込ませる。さらに，「今，飛び込むと女性にもてますよ」と耳打ちして，イタリア人乗客に自分から飛び込ませる。最後に，「あなた以外，皆，飛び込んでいますよ」と耳打ちして，日本人乗客を飛び込ませることに成功する。豪華客船が海難事故に遭うという緊迫した状況を題材に取っていても，ユーモアによって緊張緩和されている。

③**不調和理論**（incongruity theory）——人々は，通常は精神の不調和を嫌い安定が保証されることを期待しているために，あえてその期待が裏切られると驚きの中にユーモアを感じる。例えば，以下のようなジョークがある。沖縄サミットで来日したクリントン大統領を沖縄空港に出迎えた当時の首相が，外務省職員から，「いいですか，大統領とお会いしたら"How are you?"（ご機嫌いかがですか？）と言ってください。彼は"Fine, thank you. And you?"（よいです。あなたはどうですか）と返事をしますから，"Me, too."（私もそうです）と答えてください。後は，通訳が仕切ります」とアドバイスを受けた。ところが，総理大臣は緊張のため"Who are you?"（お前は誰だ？）と言ってしまう。ケネディ大統領のファンで，彼がしばしば"I'm Jakkie's husband."（私はジャクリーヌの旦那です）と自己紹介していたことを覚えていたクリントンは，その場を取り繕うために"I'm Hillary's husband."（私はヒラリーの旦那です）と切り返した。その後，首相は，"Me, too."とにこやかに答えた。このように期待が裏切られる時だけではなく，当たり前で論理的で適切だと思われている行動が，

時に意外なおかしさにつながる時がある。

1.5. 説得の前提1：8つの「秘密の必要性」

　われわれが，説得の材料として利用できるものには何があるだろうか。言い換えると，他人を説得しようとするなら，どのような前提を知っておくべきかである。第一の説得材料は，「必要性」(needs) である。衣食住のような基本的な必要性から，自尊心や自己達成のように社会的なものまである（例えば，Maslow, 1954 を参照）。パッカード (Packard, 1964) は，広告業界で現在でも用いられる，「秘密の必要性」(hidden needs) と呼ばれる8つの人を引きつける必要性を明らかにしている。

①**経済的安定**（economic security）の必要性――テロリズムや地球環境の悪化など，われわれは予測不可能な時代に生きている。日本を例にとっても，外交的には近隣諸国との領土問題や北朝鮮の指導者の継承など，内政的には数百万人のフリーターや900兆円を越える長期累積債務など，様々な不安定要因が存在している。「安定や永続性はよいことだ」という前提に基づくアピールは，われわれに商品の購入，進学や就職などの際に強い影響を与える。

②**価値の再確認**（reassurance of worth）の必要性――われわれは，ニューエコノミーの時代に生きている。大量生産・大量消費のオールドエコノミーの時代には，まじめに努力すればほとんどの人が昇進して収入増を期待できた。それに対して，IT化が進んだニューエコノミー社会では，専門知識や技能を持った人材と同時に，指示通りに単純作業をする大量の人々を必要とするために，格差社会を避けられない。こうした時代には，自分の人生が単なる「機械の歯車」としか思えない人々が生まれる。家族や友人，近所づきあいといった損得抜きの暖かみのある関係が喪失して，提携者，客，消費者といった表面的で利害のはっきりした関係ばかりになった社会においては，「あなたがしていることは社会的意味がある」というメッセージが強いアピール材料となる。

③**自尊心の充足**（ego gratification）の必要性――多くの研究が，われわ

れが，単に自分に価値があるだけでなく，「特別であると認めてほしい」という願望を持っていると報告している。その相手は，友人，同僚，近所，両親，所属集団，組織，そして最も重要なのが自分自身である。

④**創造性のはけ口**（creative outlet）**の必要性**——現代社会では，ロボット技術，パソコン，テクストメッセージなどによって，個人的な創造性を生かす余地が加速度的に減少しつつある。こうした状況で，宝石装飾，ブログ，手料理など自分の独自性をアピールできる趣味にはまる人が増えている。特に，サービス業に従事している人ほど，製造業に従事している人以上に，自分のユニークさを確認したいと思っている。

⑤**愛する対象**（love objects）**の必要性**——子どもがすでに大きくなり，代わりの愛情の対象を求める人々を「空っぽの巣症候群」（the empty-nest syndrome）と呼ぶ。海外では，発展途上国の里祖父母（foster grandparents）キャンペーンなども行われている。特に，日本では1970年代後

表2　年齢別未婚率の推移

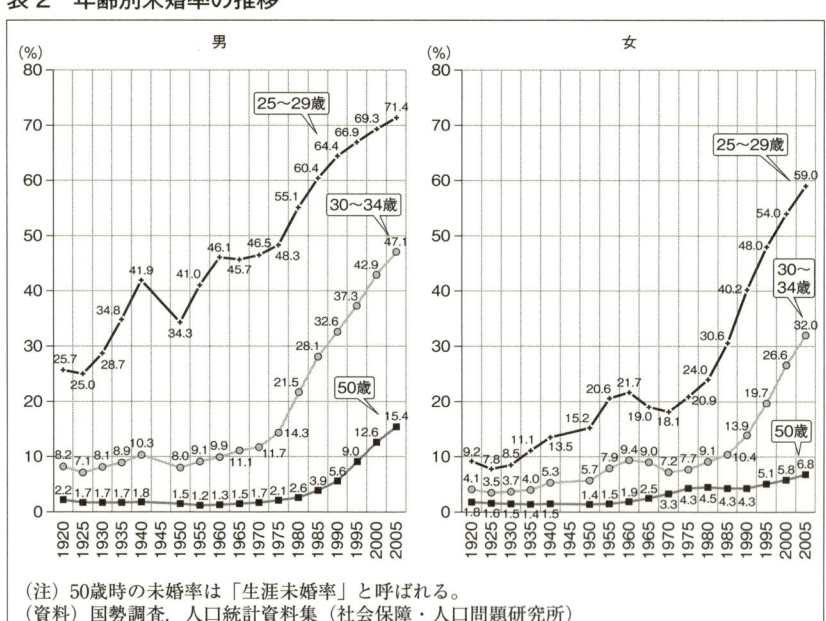

（注）50歳時の未婚率は「生涯未婚率」と呼ばれる。
（資料）国勢調査，人口統計資料集（社会保障・人口問題研究所）

半から未婚率が急上昇して，2005年時点で男子30歳代前半の未婚率が5割に近づき，女子20歳代後半の未婚率も約6割となっている（**表2**「年齢別未婚率の推移」参照）。生涯未婚率（50歳時の未婚率）も，2005年には男性で15％，女性でも6.8％に達している。こうした状況では，ペットに愛情の対象を求める人が多い。例えば，広告宣伝でも，ペットを「愛する家族の一員」として，飼い主の感情に訴える戦略が多くなっている。

⑥**力を感じる**（a sense of power）**必要性**——アメリカ人は，何事にも自らの権力や能力を誇示することを望む国民である。男性向けであれば，車でもパワーが強いジープ，ファーストフードならビッグなハンバーガーなどが好まれる。女性向けには，セクシーで魅力的になるための化粧品や服の広告で雑誌はあふれている。一般に目立つことを嫌う日本人には，必ずしも「力を感じる」必要性はないと思う人もいるかもしれない。しかしながら，戦後5年以上にわたって総理を務めたのは，高度経済成長期の佐藤栄作，「増税無き行政改革」の中曽根康弘，「聖域なき構造改革」の小泉純一郎の3人しかいない。政治の分野においては，強いリーダーシップを持った人物が国民に求められている。産業の分野でも，SONYを起業した盛田昭夫やHONDAを創業した本田宗一郎のようなカリスマ的経営者の下で働きたいと思っている会社員は多い。

⑦**ルーツ**（roots）**に対する必要性**——デフレに苦しむ日本では，東京，大阪，名古屋の「一人勝ち状態」が続いている。三大都市圏には地方からの人口流入が続いて繁栄を謳歌する一方，独自の文化を維持しにくいというジレンマがある。かたや地方も，地盤沈下が続いて活力が失われつつある。こうした状況では，出身地や地元に対する愛着が育ちにくい。「ブランド総合研究所」（『読売新聞』，2010）の郷土愛をテーマにした調査によれば，ふるさとへの愛着度と自慢度が高い上位に沖縄，北海道，京都と独自の歴史と文化を持った3県が並び，東京と比較されてイメージがはっきりしない埼玉が最下位になっている。調査テーマにあるように，「地域を代表する産業や起業がある」「スポーツの参加・観戦が楽しめる」「食事がおいしい」「優れた伝統的技術がある」「海・山・川・湖などの自然が豊か」「土

産や地域特産品がある」などが住民や出身者の誇りにつながると思われる。
⑧**不滅**（immortality）への必要性——自己の不死を信じている人はいないが，われわれは現在の健康な状態がいつまでも続くことを祈っている。死への恐怖と自分が継続的に他人に影響力を持ち続けることの必要性が，様々な心理的なアピールの背後にある。多くの生命保険が「愛する人のために…」というアピールを一家の大黒柱に対して使い，自費出版ブームも自分の生きた形跡を死後も残したいという人々の気持ちに訴えかけている。

　以上のパッカードの8つの必要性は，アメリカ文化を前提にしているため，日本文化においては完全にはそのまま当てはまらないものもあるが，多くは現代の日本社会にも適用できるであろう。説得の戦略を立てる場合，普遍的な人間の「必要性」に訴えることで，本人も気づいていない「欲求」（wants）を呼び起こすことも重要である。

1.6. 説得の前提2：文化的前提

　文化には，3つの特徴があると言われる（Hall, 1976）。第1に，文化は生まれつき身についているのではなく，後天的に習得される。第2に，様々な文化の側面は結びついている。ある側面にふれると，他の側面にも影響を与える。3つ目は，文化は集団によって共有されており，集団それぞれの範疇を定義する。われわれは，文化を通じて自己表現し，その影響を受けて自己を変化させていく。そのために，生まれ育った文化や所属する文化が異なれば，どのように自己を表現するか，問題に対応するか，集団や組織が構成されるかなど，すべてが変わってくる。日本人は，しばしば外交や交渉の場で，外国の脅しや抗議に驚かされるが，文化が違えば前提となる価値観が異なることを頭においておかなければならない。また，人々はこれまでに自分の人生でさらされてきた議論や環境に影響を受けることが知られている（**予防接種理論**（☞213ページ参照））。

　「氷山の一角」（only the tip of the iceberg）という言葉があるように，文化には見えないところで働いている部分の方が，表面的に見えている部

分よりも重要であることも多い。同時に、文化には不変的な側面と同時に、常に変化し続ける側面も存在している。

現代日本文化の特徴は、「年功序列」「敬老精神」の元になった儒教の影響、「忠誠心」「滅私奉公」を育んだ武家社会、「勤勉さ」「競争社会」を根付かせた高度経済成長の時代を抜きには考えられない。しかし、社会学者のヤマザキは、勤勉さ、協調性、一生懸命がんばることという戦後日本を支えてきた価値観体系（value system）が変化しつつあると指摘する（Yamazaki, 1997）。彼は、日本の若者が仕事、家族、社会といった価値観よりも、個人の幸福の追求を重要視するようになっていると論じている。例えば、1993年の日本、韓国、アメリカ3ヶ国の大学生の比較調査では、仕事に最重要の価値を置く学生が韓国では47％、アメリカ27％に対して、

エクササイズ２：
自分が政治家になったつもりで政策を作ってみよう！

　　わたしは、（　　　　　　　　　　　　　　　　　　　　　）
　　という政策を提唱します。

　| その政策の果たすべき役割 |
　（具体例「　　　　　　　　　　　　　　　　　　　　　　」）
　| ターゲットとする有権者 |
　（具体例　　　　　　　　　　　　　　　　　　　　　　　）
　| ターゲットに関する分析 |
　（具体例　　　　　　　　　　　　　　　　　　　　　　　）
　| 鍵となるメッセージ |
　（具体例　　　　　　　　　　　　　　　　　　　　　　　）
　| 根拠：なぜこのメッセージが必要なのか？ |
　（具体例　　　　　　　　　　　　　　　　　　　　　　　）
　| メッセージの売り込み戦略 |
　（具体例　　　　　　　　　　　　　　　　　　　　　　　）
　| その他：関連した要注意事項はないか？ |
　（具体例　　　　　　　　　　　　　　　　　　　　　　　）

日本ではわずか10%にとどまっている。1993年の日本政府の調査でも，年老いた両親の面倒を見ることを考えているアメリカの若者63%に対して，日本の若者では23%となっている（*Futurist*, 1998）。同じ調査で，わずか11%の18～24歳の日本人が，社会に役立つことをすれば個人的な満足感を得られると答えているのに対して，アメリカでは4倍の若者が満足感を感じると答えている。また，1991年の生命保険文化センターの調査でも，50%以上の16～19歳の日本人の若者が「自己中心的」との結果が出ているのに対して，25～29歳の若者では33%にとどまっている（*Futurist*, 1998）。「自己中心的」な若者たちは，「伝統的価値観を考慮せずに，意志決定をしたい」「自分が楽しくないことは何もしたくない」を肯定的に答えている。ヤマザキは，彼らの社会的責任感の消滅は，楽しいことと自己満足だけを追い求めることへの関心の高まりと結びついていると分析している。さらに，こうした価値観の変化は，両親の甘やかし，物質的豊かさ，個人へのこだわりの増加によって生じたものである，と考えている。結論として，日本の若者の価値観が，大きな転換点を迎えているだけでなく，伝統的な価値観体系に取って代わる新しい価値観体系を，彼らがまだ見つけられていないのではないかと結論づける。

　こうしたデータを見ると，説得的メッセージを構築する場合には，自分がターゲットとする世代がどのような価値観を共有しているかだけでなく，どのような核となる価値観（core values）を自分のメッセージの中心に置くかを決定しておくべきである。

1.7. まとめ

　これまで述べてきたように，「説得」にも様々な方法がある。説得力ある主張を「論拠と話者の信憑性」によって相手に受け入れさせる，その気にさせるような「状況（あるいはムード）」を作って相手に自発的に行動させる，あるいは，相手が思わず受け入れざるをえない「タイミング」で提案を示すなどである。現代社会における説得は，かつての説得構造とは異なる性質を持っている。20世紀前半までの権威による押しつけやイデ

オロギーに基づく二分法が機能しなくなり，好感度の高い人物からの共感的なメッセージが好まれるようになっている（鈴木，2010）。押すばかりでなく，時には「急がば回れ」という発想が必要になってきている。しかしながら，こうした傾向は国民の目を引く派手な演出の政治手法を用いた「小泉（純一郎）劇場」に見られるように，大衆迎合型政治の危険を高めると考えられる。

　最後に，言語だけでなく写真や映像など，非言語による象徴行為としてのコミュニケーションを研究する重要性が増している（鈴木・岡部，2009）。長時間にわたる演説では視聴者の注意を引きつけられないため，政治家もサウンドバイト（sound bite）と呼ばれる短い引用に合わせて，2008年大統領選におけるオバマの"Change"に見られるようにスローガン重視の戦略を取るようになってきている。

　メディアが発達した現代社会においては，だまされやすい受容者ではなく，賢く積極的なメッセージの消費者になるための方法を身につけることが必須である。

◆参考文献

アリストテレス／戸塚七郎（訳）（1992）『弁論術』　岩波書店
『読売新聞』（茨城版）（2010）「郷土愛46位」10月30日，33ページ
「婚姻・離婚件数の年次推移」（2010）生命保険文化センター
　　http://www.jili.or.jp/lifeplan/lifeevent/mariage/10.html（アクセス：10月7日）
ハフ，D.（1954）／高木秀玄（翻訳）（1968）『統計でウソをつく法』講談社
　　(Huff, D. *How to Lie with Statistics*. New York：W. W. Norton.)
鈴木　健・岡部朗一（2009）『説得コミュニケーション論を学ぶ人のために』世界思想社
鈴木　健（2010）『政治レトリックとアメリカ文化—オバマに学ぶ説得コミュニケーション』朝日出版社
「年齢別未婚率の推移」（2010）社会実情データ図録
　　http://www2.ttcn.ne.jp/honkawa/1540.html（アクセス：10月30日）
山川浩二（1980）「ヒットＣＭの条件」南　博，他（監修），マドラ出版（編）

『CM文化論』創元社，74-86

リップマン，W（1922）／掛川トミ子（訳）（1987）『世論（上・下）』岩波書店（Lippmann, W. *Public Opinion.* New York: Free Press）

Bem, D. J. (1972). Self-perception theory. In L. Berkowitz (Ed.), *Advances in experimental social psychology* (Vol. 6, pp. 1-62). New York: Academic Press.

Bernays, E. L. (2004). *Public Relations.* Kila, MT: Kessing Publishing Company.

Bernays, E. L., & Miller, M. C. (2004). *Propaganda. New ed.* New York: Ig Publishing.

Eagley, A. H., & Chaiken, S. (1993). *The Psychology of attitude.* New York: Harcourt Brace Jovanovich.

Festinger, L. (1962). *A theory of cognitive dissonance.* Stanford, CA: Stanford University Press.

Fishbein, M., & Ajzen, I. (1975). *Belief, attitude, intention, and behvior.* Reading, MA: Addison-Wesley.

Frymier, A. B., & Nadler, M. K. (2010). *Persuasion: Integrating Theory, Research, and Practice.* Dubuque, IA: Kendall Hunt Publishing Company.

Hall, E. T. (1976). *Beyond Culture.* New York: Anchor Press/Doubleday.

Heider, F. (1958). *The psychology of interpersonal relations.* New York: Wiley.

Hovland, C. I., Janis, I. L., & Kelly, H. H. (1953). *Communication and persuasion.* New Haven, CT: Yale University Press.

Kelly, H. H. (1971). *Attribution in social interaction.* Morristown, NJ: General Learning Press.

Larson, C. U. (1995). *Persuasion: Reception and Responsibility 7th ed.* Belmont, CA: Wadsworth.

Lynch, O. W. (2009). Humorous communication theory (Vol. 1, pp. 480-483). In S. W. Littlejohn, & K. A. Foss (Eds.), *Encyclopedia of Communication Theory.* Los Angeles, CA: A SAGE Reference Publication.

Maslow, A. (1954). *Motivation and personality.* New York: Harper & Row.

Meyer, J. (1990). Ronald Reagan and humor: A politician's velvet weapon. *Communication Studies 41,* 76-88.

Monroe, A., Ehninger, D., & Gronbeck, B. (1982). *Principles and the types of speech communication*. Chicago: Scott Foreman.

Futurist. (1998). The New Generation in Japan. (March), 17.

Newcomb, T. (1953). An approach to the study of communicative acts. *Psychological Review, 60,* 393-404.

Packard, V. (1964). *The hidden Persuaders.* New York: Pocket Books.

Perloff, R. M. (1993). *The Dynamics of Persuasion.* Hillsdale, NJ: Lawrence Erlbaum Associates.

Petty, R., & Cacioppo, J. (1986). *Communication and persuasion.* New York: Springer-Verlag.

Sheard, C. M. (1993). *Kairos* and Kenneth Burke's psychology of political and social communication. *College English, 55,* 291-310.

Sherif, M., & Sherif, C. (1967). *Attitude, ego involvement and change.* New York: Wiley.

Toffler, A. (1980). *The third wave.* New York: Bantam Books.

Yamazaki, Y. (1997). The value shift of Japanese youth. *Comparative civilizations review.* International Society for the Comparative Study of Civilization. The University of Missouri at Rolla.

第2章
対人と談話のコミュニケーション

石川邦芳

- ➔ 対人の「関係」とは，どのように形作られるか，またその発展段階でどんな要素が関わるのか。
- ➔ コンテクストは，どのように把握できるのか。また，それを取り違えると何が起こるのか。
- ➔ どのようにしたら特定の相手に有効なメッセージを送れるのか。

2.1. 人と関わる能力

　人は，関わる状況とその対応の型の関係を理解していきながら，社会でのコミュニケーションの慣習的な要素や型，そしてバリエーションを身につけていく。そうしたところから対人の対応能力を獲得する。これらを含むコミュニケーション一般に備わる能力をハイムズ（Hymes, 1972）は「コミュニケーション能力」と呼び，言語構造についての先天的能力とは分けて考えた。コミュニケーション能力一般の特性と対人コミュニケーションに関わる能力の関係について考えると，トレンホルム他（Trenholm & Jensen, 2008）の図1で示されるように，「関係を築く力」（relational competence）などがまず元にあってメッセージが作られ，他方で，伝えられたものに「解釈する（interpretive）力」が関わるということがわかる。

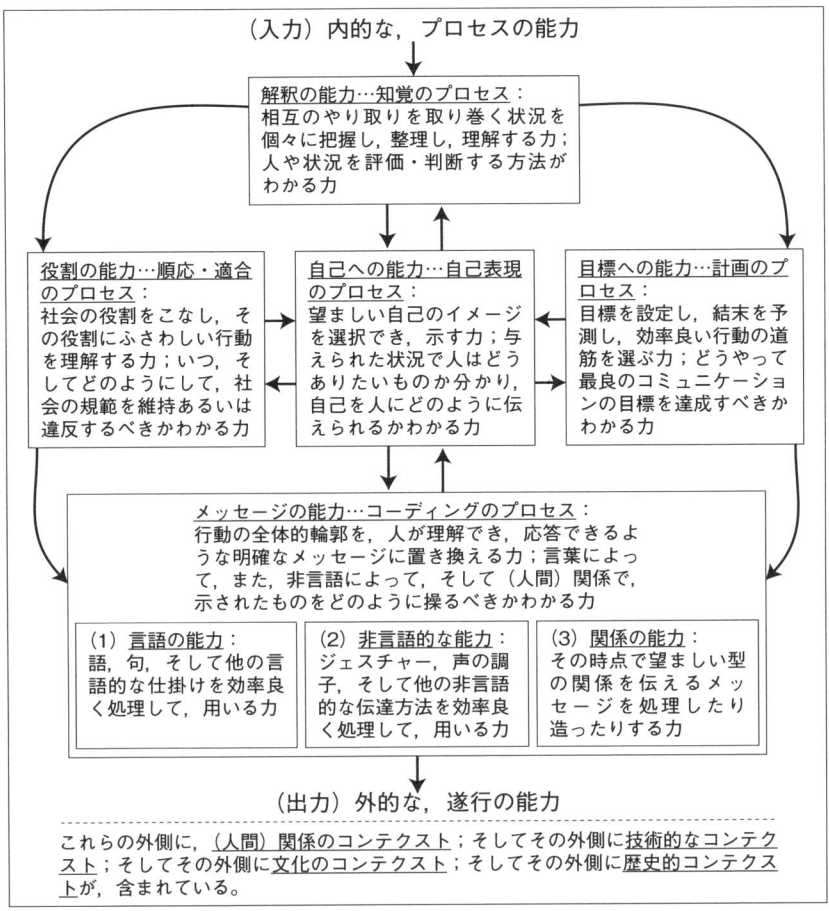

```
┌─────────────────────────────────────────────────────────────┐
│              （入力）内的な，プロセスの能力                 │
│                          ↓                                   │
│              ┌──────────────────────────┐                   │
│              │ 解釈の能力…知覚のプロセス：│                   │
│              │ 相互のやり取りを取り巻く状況を │              │
│              │ 個々に把握し，整理し，理解する力；│           │
│              │ 人や状況を評価・判断する方法が │             │
│              │ わかる力                 │                   │
│              └──────────────────────────┘                   │
│  ┌──────────┐  ┌──────────────┐  ┌──────────────┐          │
│  │役割の能力 │  │自己への能力… │  │目標への能力… │          │
│  │…順応・適合│  │自己表現のプロ│  │計画のプロセス│          │
│  │のプロセス：│ │セス：        │  │：            │          │
│  │社会の役割を│ │望ましい自己の│  │目標を設定し，│          │
│  │こなし，そ  │ │イメージを選択│  │結末を予測し，│          │
│  │の役割にふさ│ │でき，示す力；│  │効率良い行動の│          │
│  │わしい行動を│ │与えられた状況│  │道筋を選ぶ力；│          │
│  │理解する力；│ │で人はどうあり│  │どうやって最良│          │
│  │いつ，そして│ │たいものか分か│  │のコミュニケー│          │
│  │どのようにし│ │り，自己を人に│  │ションの目標を│          │
│  │て，社会の規│ │どのように伝え│  │達成すべきかわ│          │
│  │範を維持ある│ │られるかわかる│  │かる力        │          │
│  │いは違反する│ │力            │  │              │          │
│  │べきかわかる│ │              │  │              │          │
│  │力          │ │              │  │              │          │
│  └──────────┘  └──────────────┘  └──────────────┘          │
│         ┌────────────────────────────────────┐              │
│         │ メッセージの能力…コーディングのプロセス：│          │
│         │ 行動の全体的輪郭を，人が理解でき，応答できる│        │
│         │ ような明確なメッセージに置き換える力；言葉によっ│    │
│         │ て，また，非言語によって，そして（人間）関係で，│   │
│         │ 示されたものをどのように操るべきかわかる力 │        │
│  ┌──────────┐ ┌──────────────┐ ┌──────────────┐           │
│  │(1)言語の能│ │(2)非言語的な │ │(3)関係の能力：│           │
│  │力：       │ │能力：        │ │その時点で望ま│           │
│  │語，句，そ │ │ジェスチャー，│ │しい型の関係を│           │
│  │して他の言 │ │声の調子，そし│ │伝えるメッセー│           │
│  │語的な仕掛 │ │て他の非言語的│ │ジを処理した  │           │
│  │けを効率良 │ │な伝達方法を効│ │り造ったりする│           │
│  │く処理して，│ │率良く処理して│ │力            │           │
│  │用いる力   │ │，用いる力    │ │              │           │
│  └──────────┘ └──────────────┘ └──────────────┘           │
│              （出力）外的な，遂行の能力                     │
│  ‒‒‒‒‒‒‒‒‒‒‒‒‒‒‒‒‒‒‒‒‒‒‒‒‒‒‒‒‒‒‒‒‒‒‒‒‒‒‒‒‒‒‒‒‒‒‒‒‒‒‒‒‒‒  │
│  これらの外側に，(人間)関係のコンテクスト；そしてその外側に技術的なコンテク│
│  スト；そしてその外側に文化のコンテクスト；そしてその外側に歴史的コンテクス│
│  トが，含まれている。                                        │
└─────────────────────────────────────────────────────────────┘
```

図1　人のやり取りのモデル

[Trenholm & Jensen（2008）：11, Figure 1.1 より，筆者訳]

　メッセージ作りには言葉の運用能力やしぐさ，表情，声の変化等の非言語手段の運用能力も必要となる。さらに，妥当な行為はどれかとか，やり取りにおける役割の理解といった「役割（role）についての力」，望ましい「自己（self）のイメージを維持・表示する力」，そして「目的（goal）に向けての計画の能力」，と多様な能力が関わる。その中で，対人のやり取りには「**関係**（☞204ページ参照）を築く力」が特に重要な要素になる。

次の節では，この「二者の関係」（dyad）が構成するものの特性を見ていこう。

2.2. 対人コミュニケーションを構成するもの
(1) 対人コミュニケーションの背景
　トレンホルム（Trenholm, 2011）は，対人のやり取りは非個人的なものから始まって，互いについての情報が深まるにつれていくつかの発展段階を経ながら一定の対人コミュニケーションになると考える。本章でも，広く「二者」によるやり取りを対人コミュニケーションとするが，ミラー他（Miller & Steinberg, 1975）は，「関係」の質が最も高い，互いの個人的な特徴が交わされるようなレベルだけを対人のコミュニケーションとする。1つの文化内での均一なレベルのやり取りが最も表層的な関係であり，次に社会集団内での均一なレベルのやり取りがあるが，その例である大学生同士とか同僚同士などのやり取りは，「関係」の質がより深いものになるという。

　さらにシュッツ（Schutz, 1958）や，マズロー（Maslow, 1954）は，人の欲求という観点からコミュニケーションの動機を考察したが，特にマズローは，人の基本的欲求を順序付けして階層に分けた。その内で，どこかに帰属したいという欲求や，その上位階層で自尊心を高めようとする欲求，さらに上層の自己実現したいと願う欲求，さらにその上の知的欲求，そして最高層の美的なものを求める欲求などのそれぞれがコミュニケーションを動機づけると考えられる（宮原，1992）。こうした基本的欲求は，「関係」への行動要因として対人コミュニケーションに根ざしている。

　そこで次に，先の節で触れたように，対人間に重要な構成要素である「関係を築く力」とはどのようなものか，考察しよう。

(2) コミュニケーションにおける「関係」とは？
　まず，対人の関係とは，どのように形作られるか，ご自分の場合を振り返ってみてはいかがだろうか？　このことを考える時に，対人の関係発展

のモデルを示したナップ他（Knapp & Vangelisti, 1992）が参考になる。彼らは二者の関係での普遍的な親密化への変化と，さらに逆に親密さの消失への道筋を示している。

〈二者がたどる関係発展の段階〉

＊近づきあう段階の道筋：(1) 始まり・出会いの段階，(2) 探り合い・実験の段階，(3) 強化の段階，(4) 統合の段階，(5) 親密化・つながる段階

＊離れていく段階の道筋：(1) 相違・不調和の段階，(2) 制限・線引きの段階，(3) 沈滞・不活発段階，(4) 回避段階，(5) 親密さの消滅・終結段階

[Knapp & Vangelisti（1992）「関係発展のモデル」の筆者訳]

　この諸段階の要因から，対人の「関係」を一言で言うなら，「相互のやり取りが始まり，その中で発展し，調整や親密化が行われる過程であり，それが消滅・終結する過程でもある」ということになる。

　特に，出会いからの初期段階にはどんな要素が関わるか，思い浮かぶだろうか？　ダック（Duck, 1973）によれば，「引き合う」ということは，消去の過程を経た結末であり，そして一連の条件・項目の「フィルター」を用いてどれだけ近くにいたいと思うかを判断していく過程であるという。そして，それぞれのフィルター毎に相手になる候補が絞られていく。そのフィルターは次の4種類に分けられる。(1) 社会的環境の手がかり，(2) 相互のやり取り前の手掛かり，(3) やり取りからの手掛かり，そして (4) 認知的な手掛かりである。例えば価値観・物事への姿勢・信条などの共通点などについての感覚的判断が認知的な手掛かりにあたる。

　さらにそうした点を知って関係発展の手掛かりを得るには，互いの「自己開示」（self-disclosure）が重要であるとトレンホルムは述べる。そして，この自己開示自体が対人関係を発展させるための能力であり，心傷を受けた出来事を率直に告白するような自己開示は相手の不安感やストレスを減少させることが知られている。逆に情報を隠したりしてオープンでない傾向の相手は排除されていくことが研究で報告されている。

(3) 人の本性としての「関係」を築く力：その証例

　ここで，人に本来備わる相互的な「関係」の能力について見てみよう。以下に，人の模倣行動への反応と，人の意図を感知する能力の点から，基本的な「関係」の現れを例示する。まず，人の模倣行動は動物の場合と異なり，目的にかなう物に対して起こるだけではなく，目的や意味づけが見出されない物の動きに対しても起こる（Rizzolatti & Sinigaglia, 2006；Koprowska, 2010）。そしてこうした行動は脳神経に存在する「鏡ニューロン」（mirror neuron）の働きによるとされる。

　脳神経細胞のニューロンの発達と共に人間の場合，生後9カ月頃には既に模倣行動を示す。ホール（Hall, 1966）によれば，それは本来人間に固有なものとして備わった対人的な関係へのリズムの現れであるという。模倣行動は幼児・子どもの学習にとって中心的要素でもある（Meltzoff, 2005）。さらに成人間でも模倣は親密な関係（ラポール）を築きあげる行動である（Dijksterhuis, 2005）。人は好かれたい時，無意識に相手への模倣的行動を多く取る。実際に模倣行動に対する人の反応を見る実験を次に見よう。

　〈模倣行動実験〉ウェイトレスが予め模倣的行動をするよう指示された。客の注文をそのまま繰り返して言う模倣的行動をする日としない日とでどんな違いが出るか，というものだった。結果として模倣をした日の方が客からチップを多く受け取ったという（Koprowska, 2010；さらに大坊・永瀬，2009 の「同調」（synchrony）を参照のこと）。客は模倣を肯定的に評価した。

さらに，次の実験から，この鏡ニューロンが単純な行動だけにでなく，より意図性のある事柄にも反応するとの結論を得た（Iacoboni, 2009）。

　〈「ティー・パーティ」実験〉ティー・カップを持ちあげている手を大写しにしたビデオが参加者に見せられた。飲み始めるように見える場面と飲み終わって片づけるように見える場面の2種類であったが，飲み始めに見えた方に，より強いニューロンの発火反応（興奮状態）が見られた。この実験でわかったのは，人の意図をより明確に感じる「飲み始め」の方に注目するということである。自分の関心が人の行動の意図に向けられる

ところが窺える。このように，人の本性として，相手の模倣や相手の行動の意図などに関心を示すような，関係を築く素地が見てとれる。

一方，関係の発展段階に「自己概念」(self-concept) の発展が重要である (Cushman & Florence, 1974 他)。すなわち，相手とのやり取りで自分の存在が意識される。その発展と共に対人関係にある二者は互いに自分を考えることになり，自己評価ができる。それにより，前向きに存続できるという (Trenholm, 2011)。それを裏付ける研究が報告されている。

マンハート (Manhart, 2006) は，オーストラリアにおける研究を紹介した。この研究グループでは 1992 年以来 10 年にわたって 70 歳以上の高齢者を対象に，余命 (life expectancy) と友人関係の有無との相関関係を調査した。その結果から，子どもや親類との接触を主に維持している人より，友人関係を主に維持している人の方が，余命見込み年数が大きいことがわかった。重要なのは，「交友関係」によるサポートは自発的であり，それが喜びにつながるという点である。その場合，家族関係に伴うような義務感や慣習から解放されているところが特徴である。その肯定的な効果が身体的にも，精神的にも健康面の向上につながった。そしてストレスや鬱が減り，また害のある喫煙・飲酒なども減り，困難に立ち向かう気持ちの高揚につながったと述べられている。この調査結果は，個人間の経済的な差とは無関係であり，また生活習慣の個人差とも関係がなかったので，友人関係の効果が要因と認められる。

しかし，いつも安定した「関係」でいられるわけではない。摩擦などが起こると，関係維持にどんな行動が現れるのか，それを次に考えてみよう。

(4) 対面 (face to face) での関係維持

関係の安定が図られる一方で，対人関係の維持には，ぶつかり合いへの対応もある。対立に陥れば緊張関係に入る。その際どのように互いの立場のバランスを維持するのだろうか。そして主体性を互いがどのように保つか等の点を考えたときに，ゴフマン (Goffman, 1967) の「フェイス」(face) という概念が参考になる。

フェイスは，面目や面子とかに言い換えられるが，規範的というより心理的で，互いに保とうとする人間の基本的欲求と考えられる。その面目は2つの対照的な現れ方をする。それをブラウンとレビンソン（Brown & Levinson, 1987）は「積極的フェイス」と「消極的フェイス」と呼ぶ。相手に認めてほしいというように連帯に向かう面目の現れ方が積極的フェイスで，自由でいたいとか邪魔をされたくないという欲求維持に向かう面目の現れ方が消極的フェイスである。どちらにせよ，本性として人が相手との関係を保とうとして行う行為である。その2つを次例で見てみよう。
　例① A：ちょっと，レポートを見てくれない？
　　　　B-1の返答：いいよ。早速，この後とかにする？
　　　　B-2の返答：見てあげたいんだけど，今日は都合悪くて…ごめん。
B-1が，快くAの要請を受け入れることで積極的フェイスが示された。一方，B-2は，引き受けることができずに断っているが，相手への配慮をした伝え方をしている。このように相手の要請に応えられないと相手のフェイスを傷つけかねないから，それを避けるために配慮がなされて，消極的ながらフェイス維持の意図が示されている。
　そのどちらが現れるかは，個々の状況と相互の関係からの判断にもよるが，B-1では「いいよ」と応答して，相手にとって必要な行動を優先して「この後にする？」と提案しているところに積極的なフェイスが現れている。反対にB-2で端的に「いいえ」と応答すれば，特にAの面目が損なわれることが予測される。それを避けるために代わりに，今日だけは不都合であるが，元々，協力したい気持ちがあることを付加している。それにより，消極的ながら，面目が損なわれるのを最小限に抑えようとした。
　対人関係では，双方の利益が相反して一方のフェイスを脅かすこともある。そうした可能性のある行為をFTA（Face Threatening Act：フェイス威嚇行為）という。例①に見られるように，FTAが予測された時に相手のフェイスにかかる負荷を軽減するために示す配慮の表れを「ポライトネス（丁寧さ）」と呼ぶ。このFTAの程度は，話し手と聞き手の（1）相対的な力の差，（2）互いの社会的距離，そして（3）背景の文化での絶対

的な負担の度合い，という3つの要因の総量で測ることが可能と考えられる。例①でAに対するFTAが予想されるB-1，B-2の応答は，下の（ii）や（iii）に該当する。

　ケース1：FTAを実行する場合
　　→（Ⅰ）FTAを表に出す場合：
　　　　（I-A）　緩和行為を用いずに強い調子で実行する場合 ……… （i）
　　　　（I-B）　緩和行為を用いて→積極的ポライトネス …………（ii）
　　　　　　　　緩和行為を用いて→消極的ポライトネス …………（iii）
　→（Ⅱ）FTAを表に出さない　　　　　………………………………（iv）
　ケース2：FTAを実行しない場合 ……………………………………（v）
[Brown & Levinson, 1987：60, 69の筆者訳]

（i）が最もフェイスの喪失につながる危険性が高い場合であり，（ii）以下，順に低くなる。消極的フェイスを維持するとFTAの起こることが予測される場合，何らかの配慮が行われる。例①のB-2の応対のような場合，その配慮を「緩和行為」と言い，その表現行為を「消極的ポライトネス」と呼ぶ。また，例①のB-1の応対のように積極的フェイスを維持する際には，相手との距離を縮めるような「積極的ポライトネス」が示される。一方，上の（i）の場合は，相当な配慮が示されなければフェイスを大きく損ない，対人の関係維持は困難になる。

　もちろん，予め，相手に依頼・要請を行う段階で緩和行為として，次のように直接あるいは間接にある程度の謝罪を先行させることもある。

　<u>申し訳ないんですけど</u>，そのドアを閉めてもらえますか？

　<u>I normally wouldn't ask you this, but</u> can you attend a meeting for me tomorrow?（<u>普段はお願いすることではないんですけど</u>，明日は会議に私の代わりに出ていただけますか？）

ただし，これらの応対の型は方便として慣用化している面もあって，謝罪，お詫び（apology）の意味が薄れることもある（その詳細は，スペンサー＝オーティ（2004）やLazare（2004）を参照のこと）。また，社会・文化による慣例化した行動には，ポライトネス理論で展開されるような個人の

意図的な選択・態度とは異なる側面があり，その点が問題点として挙げられる。これは井出（他）(1986)などで日本でのポライトネス行為の特性から議論されている。井出（2006）では「わきまえ」の概念を提示した。全体として，ポライトネスの行為は，相手の存在を認め入れてフェイスを維持しようとする，基本的な，社会的相互行為（social interaction）の表れである。

(5) 対人間の相互の印象・評価の要因

前節の緊張緩和の場合とは別に，通常のやり取りでもわれわれは様々な反応や評価といった行為を行う。ここで，その特性をまとめてみよう。

a. 自己開示の返報性：バーグーン他（Burgoon, Stern, & Dillman, 1995）は，対話において関係維持のやり取り（相互作用）が働く時のパターンを示した。そのパターンには相手に類似の行動で反応する「返報性」や，互いが補い合う行動を取る特性の「相補性」など，様々な特性が見られる。先に紹介した「自己開示」行動には返報性が関わり，開示の受け手が開示者と同程度の情報を返す傾向にあると言われる。それらのパターンは双方のその後の対人関係発展の可能性を測る手掛かりになるという（大坊・磯, 2009）。

b. 発話の速さとスタイル：一方，内田（2002）は，聞き手による性格評価の際の，5つの性格の特徴を表す因子と発話速度との相関性について実験を行って，話者に対して相手がどのように性格面の印象を受けるかを調べた。その結果，発話が速くなると，(1) 外向性，(2) 勤勉性，(3) 情緒不安定性の各因子について高い評定になることがわかった。(4) 協調性については発話速度が遅くなるにつれ評定が高くなった。残りの因子は(5) 経験への開放性であった。話し手の発話スタイルの研究で，(A) 決めつけ（opinionated）型か，(B) 非決めつけ型かが聞き手によるパーソナリティ認知（個性・性格判断）に影響すると分析された（Rokeach, 1960；Miller & Lobe, 1967等）。(A)型は，自分に賛成・反対する人への態度を話し手が表明してしまうタイプで，「〜のような人は，〜がわからない人で

すね」と断定的な発言を進める型である。この種の実験で，英語話者と異なり，日本語話者では（A）型は「活動性」が高いと評定されたが，「（個人的）親しみやすさ」や「（社会的）望ましさ」の点では低い評定となった（小川・吉田，1998）。

　c. **志向性－協調と表出**：ザトラウスキー（1993, 1994 他）は，「勧誘」の談話の特徴についての比較研究から，談話の設定で日本語には「気配り発話」の傾向が見られる一方，米語にはより「勧誘的な発話」の傾向が見られることを示した。類似した考察をした水谷（1979）はそれぞれ「バレーボール型」・「テニス型」と呼んだ。表現様式として日本人の場合を1チーム内でのボールのやり取りに喩(たと)えて，「相手のあげたボールが悪いボールであっても，極力努力してそのボールを受けなければならない。また相手にボールを返す場合には，相手が取りやすいようにボールを送り返さなければならない」と説明する。日本人の表現様式では，いわば自分の意図を否定的に評価する表現・態度をも含めながら，相手が断りやすいように気配りを行って，協力して対人関係を作り上げるように談話が形成されるという。一方，米国人は承認を促す内容の発言を行い，テニスのように，いっときに一個人が自分の発言の「順番」（turn）を取ると指摘する。

　こうした研究に先行するゴフマンの一連の研究では，儀礼・演技・役割の観点からの人の自己表現の分析が行われた（Goffman, 1959；1961；1967）。人は自己表現において，一定の表現様式に従う必要があり，自分の果たす役割り毎に一定の「（役割）距離」を維持しつつ行動をするという。（個体間の空間的距離調整の感覚については Hall（1966）を参照のこと。また，生命体がその生活空間を閉塞的空間と自覚して一定の水準を越えると個体数を減らしていく「臨界空間」の現象については Schäfer（1956）等を参照のこと。）

2.3. 談話とコミュニケーション
（1）談話とは？
　研究対象としての「談話」（discourse）は話し言葉にとどまらず，書き

言葉も含めている。一言で言うなら送り手と受け手の間で行われる，言葉のやり取りとその状況の総体を指す。ひとまとまりの言語表現で受け手に示されたもので，手紙やメール，小説，エッセイ，新聞記事なども該当する。原語の discourse は談話の他に，「言説」「ディスコース」「ディスクール」「言述」などとも訳される。対人と談話のコミュニケーション研究は，共に対人のやり取りのデータを調べる点で共通している。そして談話では，話し言葉のデータと書き言葉のそれとの間に共通する構成要素として，ラボブ他（Labov et al, 1967）やチェイフ（Chafe, 1980；1982）で扱われたように「物語性」が取りあげられる。さらに社会的な様々な要因が言葉のやり取りに影響を与えるので，社会的な力関係も主要な分析の対象となる。

さて，談話に現れる実際の表現には意図・意味の理解が相手次第の断片的なものがある。ただし，次例のように，話題に対する「送り手の態度」の意味合いが含まれている。

  a.「何で」 b.「だって」 c.「確かに」 d.「言えてる」

さらに慣用表現・変異（バリエーション）は，社会で存在・役割が認識された発話の型であり，特に地域的・限定的言語表現や，関係・所属等に応じたスタイル・方言の切り替えや，社会階層内の独特な言語スタイルによる連帯意識の表れである「隠れた権威」の表現などは，社会的なやり取り・相互作用の表れである。その1つの例として，談話のバリエーションが社会的な距離感覚によって引き起こされる場合がある。

(2) 社会的距離と話のスタイルのバリエーション

人が相手との心理的・社会的な距離を識別して話のスタイルを変化させる現象がある。相手によって話し方を調節・変化させる，こうした「アコモデーション」についての研究（Giles et al, 1991 他）によれば，話し手は自分の話し方を相手の話し方に近づけようとしたり，逆に違ったものになるように遠ざけたりする。このようにスピーチスタイルを相手の話し方に応じて調節するアコモデーションの例として，親が赤子に使う育児語（caretaker talk）がある。そして相手の話し方に近づける「コンバージェ

ンス」(収斂)と,できるだけ相手の話し方から自分の話し方を離していく「ダイバージェンス」(逸脱)とがある。話し手と聞き手に社会的地位の違いがある場合は,さらに上向きと下向きの2つがある。相手の方が社会的に地位が高いとされる時にそれに話し方を合わせるのが「上向き収斂」である。

自然発生的な実際の使用について調べるということは,このように個人的な,あるいは集団・社会的な言語表現によるやり取りのバリエーション(変異)を考えることである。次に,ガンパーズ(Gumperz, 1982)などから,対人的なやり取りの中で「言葉の選択」がどのように行われるかを見てみよう。そしてコンテクストの点から談話のバリエーションを考えていく。

(3) コミュニケーションとコンテクスト
a. コンテクストの研究の背景

伝統的な言語研究は構造の記述が主だった。しかし,それとは一線を画して,サピアとウォーフは状況から生まれる**コンテクスト**(☞207ページ参照)をデータとして検証して,北米インディアン諸言語のフィールドワークの研究を行った。そして意味は文化・慣習と分けられないものであり,パターン化されたものと考えた。これは,意味の解釈プロセスと個々の言語構造との関係という大きな問いに答えようとした一つの「文化」論的な説である。

また,ホール(Hall, 1976)は,文化的背景によってメッセージの伝達様態が異なることを示し,メッセージが伝えられる際のコンテクストに依存する度合いの違いに注目して,「高コンテクスト文化」と「低コンテクスト文化」という概念を示した。前者の場合,メッセージがより状況・コンテクストに依存して言語外の情報を取り込む必要度が高く,一方,後者の場合,言語に依存する度合いが高い。また非言語的要素として,表情・雰囲気・しぐさ・様々なコンテクスト等がある。日本は高コンテクスト文化と分類され,メッセージの受け手により多く読みとる力が要求されるという。

b. コンテクスト

　コンテクストとは，まず，コミュニケーションが起こる際の，人を取り巻く環境や場を指すが，そこで生まれる狭い意味での伝達手段の単位，句，発話，文等を支える要素を指すこともある。そしてコンテクストは時に字句以上に重要な意味単位として働く。その事例として，女子マラソンの有森選手がアトランタ・オリンピックで2度目のメダルを獲得した時に「自分で自分を褒めてあげたい」と言ったと，マスコミが報道して，いわばクリシェ（常套表現）のように流行したことがあった。その後，それは，

　有森「初めて自分で自分を褒めたいと思います」

と言ったと本人が指摘したが，報道された言葉は別のコンテクストの中で結晶化していき，苦しみをのり越えてゴールを果たした者としての自分への，ささやかな慈しみが感じられる「象徴的行為」として，そしてまた歴史的1ページのキーワードとして多くの人の記憶に収められた。

　標準的な発話スタイルに対する地域特有の言葉や土地ことばである「バーナキュラー」（vernacular）とか，目的や場面によって変えられる言葉遣いである「レジスター」（家でのタメ口と職場ことばの区別はその例）など，非標準的な発話スタイルが，相手とのアイデンティティ（同一性；帰属意識）を確認する目的で用いられることがある。レジスターには階級や地域性，詩的特性，交感的（phatic）特性などの様々な要素が影響を与えている。

　以下はその例で，米国の大学院で教授（prof）が学生達と共に教室から出た際に，1人の黒人の院生（GS）がその教授に話しかけてきたところである。彼は一通り，教授に事情の説明と共に推薦状を書いてもらいたい趣旨を告げた後で，下線部の，いかにも非標準的な黒人英語バーナキュラー（BEV）に特有の表現を，他の院生達に向かって用いている。

　GS: Could I talk to you for a minute? I'm gonna apply for a fellowship and I was wondering if I could get a recommendation?
　　（先生，ちょっとお話ししてもいいですか？　私，研究奨学金に応募しようと思うんですが，推薦状を頂けないかと思いまして…。）

Prof：OK. Come along to the office and tell me what you want to do.（いいでしょう。研究室に来て，どんなテーマを考えているのか教えて下さい。）
《黒人・白人両方の院生達が教室から出たところで，その黒人院生は彼らに次のように言った。》
GS：<u>Ahma git me a gig!</u>（じゃ，ちょっとやってもらってくるよ。）
　　［標準的には：I'm going to get myself some support.］

[Gumperz, 1982：Ch.2, 30, (3). 筆者訳]

　この場面は教授や黒人・白人の院生が混在している場面ゆえ，下線部は際立った発言となる。その BEV 表現は，語句や音の特徴からして明白に非標準的なバリエーション（変異形）なので，特に所属集団ごとに表現を切り替える行為の「コード・スイッチング」（code-switching）の例でもある。それは BEV が伝わる仲間に向けた切り替えである。そして，もし聞き手が共有しているコンテクストによってその表現を解読できれば，話し手が持つ固有の文化・伝統につながりを持てるのだ，という主張である。こうした伝達を「コンテクスト化」（contextualization）とガンパーズは呼んだ。それは話し手の持つ特定のコンテクストへと導くものである。

(4) コンテクスト化の合図

　ガンパーズは，非標準的な BEV 表現への切り替えのように暗黙のシグナルを発する「合図」（cue）の働きについて考察し，その解釈には，参与者たちの社会・文化的背景の違いが反映されると論じた。合図となる要素には，しぐさ・目の動きなどの身体上の特徴から，冗談や攻撃的あるいは連帯的な行為，そして音声の目立った高低・強弱の変化，目立ったイントネーションの型などがある。その合図に Schiffrin（1987）等が分析した「談話標識」（discourse marker）もある。これは，話し手の意図する方向に聞き手を導く機能を果たす。Johnstone（2008）は，談話標識の"so"という一見単純な強調的表現が実は紹介，推論，理由，開始，終結，転機という6通りのコンテクストへと流れを導くことを示した。

(5) コンテクストと間主観性 (intersubjectivity)

対人のコミュニケーションの様態を観察するには、そのデータが重要になるが、特に言葉のデータ収集作業では、「間主観性」あるいは相互主体性と呼ばれる特性がどのように働くかを見極めることが、重要になる。談話は、Schiffrin (1994) が言うように、相互作用の中で互いに一致した理解を得るべく行われる行為である。そこには間主観性という、双方に「お互いのことについての共有知識」が必要とされる。つまり、互いの知識・経験の共有を通して双方が「主体的に」同様の理解に達することができるということである。間主観性とは、いわば「共有知識に基づいて相手への理解を進めようとする志向性」である。例えば、子どもの笑顔を見て、母親が思わず「うれしい」と声をあげて抱きしめるコンテクストは、双方の主観的な状態がつながりを持った現れであり、「間主観性」が働いている。子どもの主観的な思いが母の主観に通じてきたということである。

ここでは、談話データの収集例として、参与観察を取り上げる。それはデータ収集者がその場に参加している形態である。参与観察でのポイントは、その対話の展開が、対話者同士の「今、ここ」というコンテクストに依存して行われるということである。その際に間主観性が有効に働くことが期待されるが、時には、そのコンテクストの形成がマイナスに働くこともある。以下はそのような例である。

〈養護学校の生徒を食事介助する先生についてのエピソード〉

（対話者はDくんとT先生。参与観察者がエピソードを記述。食べ物を呑みこむことが難しいDくんは食欲旺盛で体つきも大きい生徒である。T先生はDくんの食事介助をしている。）

「Dくんはご飯がだいすきだよねー、いつもたくさん食べるものねー」といいながら次々にスプーンを（Dくんの口に）運びます。しかし、Dくんは嚥下（呑みこむこと）が難しいので、口の中に前のスプーンの食べ物が残ったまま、次のスプーンを受け入れることになってしまいます。見ている私はDくんの口の動きが気になり、むせないかどうかはらはらしながら見守っていました。それでも先生のスプーンを運ぶ手が緩み

ません。なおも，「おいしいねー」と次々にスプーンを運ぶうちに，とうとうDくんがのどを詰まらせ，そこでようやく一呼吸入れることになったのでした。　　　　　　　　　［鯨岡，2005：105.（　）内は筆者］

　このエピソードで見てとれるのは，T先生がDくんのいつもの大食傾向への知識を持っていたため，たくさん食べたいだろうという予測をしていて，その結果，Dくんの困難な状態への予測が鈍ってしまった点である。2人の間を繋ぐはずのこうしたコンテクストの記憶・理解のために，逆に基本的な「今」の時点での視覚的予測が鈍ってしまった。このように間主観的な把握が誤解を呼びこむ要因にもなるので，「こうなるであろう」という間主観的な理解についてはその都度「今」の状況との照合が必要になる。いずれにせよ，Dくんの主対的な行動がT先生の主観を通して把握される際に，間主観的なつながりの関係が見られる（鯨岡，2005：99-100）。

(6) 談話分析のアプローチ

　談話の研究では広範な資料を分析していくが，そうした談話のデータを分析するアプローチを談話分析と呼ぶ。談話データの分析を通して伝達の双方の共有知識を探ろうとし，また，その知識に関わる社会的な価値観を見出そうとする。さらにその社会的知識の構築，例えばカテゴリーの構築の仕方について分析するためにも談話データが必要とされる。

　次の談話データは，英国のチャールズ皇太子の妻であり，夫の浮気の問題で不仲が噂されてその後離婚した，ダイアナ妃の言葉である。データの例は彼女が1995年に出演したBBCテレビのインタビュー番組の一部分である。名前が挙がっているアンドリュー・モートンは彼女のいわば暴露本である『ダイアナの真実』を書いた著者である。

〈BBCテレビのインタビュー番組から〉
　バシール（Bashir ＝ 以後B）：あなたは友人，特に親しい友人がアンドリュー・モートンに話すことを認めましたか。
　ダイアナ妃（Diana ＝ 以後D）：はい，認めました。はい，そうです。

B：なぜ？

D：私…限界だったのです。絶望的でした。無能者のように見られるのにうんざりしていたと思います。私，とても，強い人間ですから。そして，それが厄介なことにつながるっていうことはわかっています。私が住んでいる制度の中では。《微笑み，唇をすぼめる。》

B：本（の出版）でそれがどう変わったんでしょうか？

D：わかりません。《眉を挙げ，眼をそらす。》人にはわかっているのではありませんか。私と異なった環境であっても同じくらいに苦しむ女性は世間にたくさんいるのではないですか。自尊心が真っ二つに分断されてしまって，自分を擁護することができない女性とかが。わかりませんけど。《首を横に振る》　　　　　　　　　［Potter, 1997 を筆者が和訳］

ここでのダイアナ妃の1つのキーワードは繰り返される「わかりません」である。これは Potter（1997）や Wetherell（2001）等が分析し，彼女の「利害予防策」（stake inoculation）として現れた表現行為とされた。答えが不明であるための応答ではなく，また，記憶に無いようなことでもないので，微妙な話題や質問について距離を置く（distancing）行動であった。ダイアナ妃は拒否する立場（Goffman の *footing*）を演じるかのように，面談では，衝撃的だった本の件にも，そして王室での悲劇的な立場について詮索され得る可能性にも，無関心であることを示唆している。そして，その行為により全てから距離を置いたもの，と分析された。いわば視聴者に対して自己を示さずにおく姿勢である。

　一方，広告媒体の談話データから，それぞれの広告の表現上の特徴の違いだけでなく，広告主の狙い・個性やその業界の体質なども見えてくる。同時に広告テキストでの技巧的な要素についても分析が可能である。ウッズ（Woods, 2006）では，広告の談話の，意味構成上の3つの特性を「3つのP」として挙げている。(1) 個人化・個別化・私有化（personalization），(2) 前提（presupposition），(3) 人格化・具体化・擬人化（personification）である。そして具体的にスズキとマーキュリーの2社の車の広告で，対比して分析する。

〈スズキのXL-7（4WD車）〉

　7人用座席，前後輪とも真の4WD，2.7リッター，V6エンジン搭載。この新型グランド・ヴィタラXL-7は全てが感動的。あなたと6人を近くに遠くに，舗装道でもラフな道でも連れて行ってくれます。申し分ない7人用の完全4WDの乗り物。あなたの第一印象を確かめるために，スズキのウェブサイトにどうぞ。

〈マーキュリーのマウンテニア（4WD車）〉

　優雅さが今ここに。SUVのデザインからあなたがどこに住んでいるかが示されます。そして多くの要望に応えます。ここに一新されたマーキュリー・マウンテニアを発表します。良く練られたデザインが，単にあなたがどこに住み，どこに最もドライブするかを反映するばかりでなく，誰や何と共にドライブするかを示してくれます。それ故，配慮に満ちた第3列目の座席と共に，最高度に多用途対応で，かつ広い荷物スペースも確保。ついに「今日」のために作られたSUVが「今」ここに。

[Woods, 2006からの筆者訳]

　ウッズによれば，2つの車の紹介で，スズキの方は性能・機能をずばり数字で示し，典型的な男性層に訴える。"real 4 × 4 technology"という表現により，他社の「真」でない4WD車との違いを強調する。そして，明確に，どんな行き先でも対処できる全方位的な力の優位性を誇る。実際にウェブサイトに行って詳細に検討しても信頼できるという趣旨の肯定的なメッセージで締めくくる。対照的にマーキュリーは，車のテクノロジーについては触れず，環境と車の関係を述べて，さらに優れたデザインの点を「良く練られた」，「配慮に満ちた」などの表現によって訴えている。さらに，思慮深い，親切な，面倒見の良い，などの表現によって，女性層を引きつける描写に徹している。「優雅さ（grace）」はその象徴的な語である。具体的な性能の説明を避けるのは意図した戦略であり，代えて，広い車内の収容人数に触れ，女性の顧客とその家族の暮らしを背景としたイメージを引き出す。最後にウッズの2つ目のPである「前提」として，この車が「今」望まれる，待ちに待ったタイプの車である，と訴える。このよう

に，2社の広告は明らかに特定の顧客層に訴えるようなメッセージを形作っている。その1つの層としての「ジェンダー」がここで垣間見られる。

2.4. 情報伝達の構造

談話において，メッセージの送り手がどのように特定の伝達表現を選択するのかという疑問に答えるには，先行する談話の文脈を含んだ上での(1)情報の流れ方，(2)情報価値の度合い，(3)情報の更新の様態などについての分析が必要になる。ここで，そうした言語情報の伝え方の仕組みを考察する。まず，情報構造に関わる基本的な区分を挙げる。

A. 旧情報と新情報：情報価（値）の区分に相当するとも言える。「旧情報」は談話の参加者（話し手と聞き手）に既に知られている情報であり，先行する談話文脈で与えられている。新情報は先行談話では聞き手に知られていない，初めて「今」（の談話で），紹介される情報である。旧情報は(1)発話の中で与えられたか，(2)場面の中で文脈として与えられたか，(3)推論によって導き出せるか（Prince, 1981；1992），である。特にそれが前提的知識であれば双方に了解されている。典型的には主語は旧情報である。新情報は全く新しいか，またはしばらくの間言及されなかったものかである。新情報は多くの場合，アクセントによって，完全な形の修飾句と共に表現される。述部は典型的には新情報である。例を見てみよう。

「長女が帰郷とのことで / 一番に帰ってきたのは父のマスオだった。」この文では，発話としての意味の単位は2つあり，斜線で区切られた左と右である。左の発話で言われた「長女の帰郷」が前提や主題になり，右側の発話でその「帰郷」への期待から「一番に帰った」人のことについて話が進む。そこで，「〜のは」が目印になって伝達内容全体の焦点となる新情報「父のマスオ」が提示される。この例によって示されているように，「文末焦点（End Focus）」の原則により，文末に新情報が来やすい。それを目安に聞き手が情報の価値について，つまり，新情報・既知情報について解釈をする。一般的に日本語では動詞の直前の要素が焦点になるが，英語では文末で強勢アクセントのあるところを含む句が焦点になる。

B. トピックとコメント：トピックは発話が何に関してなのか，関心の中心を示す部分で，典型的には主語がそれに当たる。一方コメントはそのトピックについて述べられる部分であり，典型的には述部が相当する。そして多くの場合トピックが旧(情報)であり，コメントが新(情報)である。
　a.［old They］［new damaged my new couch］．
　b.［家に帰ると］飼い犬がぞろぞろと玄関先に出てきた。
このbでは，開始部の「家に帰ると」がトピックとして働き，場面設定の確認がされる。bにこの開始部が無いと文意は唐突なものになる。しかし，トピックが新情報であり，コメントが旧である場合もある。*As for my chair, it got ripped too.*（私の椅子はといえば，それも破れてしまった。）この例では my chair は新情報であるがトピックであり，too からわかるように getting ripped too はその談話で旧であり，コメントである。

　日本語での**情報伝達構造**（☞210ページ参照）の具体的な仕組みを見てみよう。次の2つの例で，要旨が同じでも並び方の変化で焦点の現れ方が変化する。

　「私が初めて東京に出てきた頃，新宿駅の近くにあるお目当ての場所を目指して行ったことがあるんですが，結局はたどり着けなかったんです。」

この文に構造上の変形と，高低アクセントの変更を施すと，

　「ある時，お目当ての場所がある新宿駅の近くまで行ったんですが，その頃私は初めて東京に出てきたばかりで，その場所まで結局たどり着けなかったんです。」

先の例では，時間の順序で出来事を伝えている。「初めて」と「結局は」の強調でつながりが示される。一方，後の例では開始文がトピックになり，さらに指示的な「その」がトピックの時と場所を指したので，因果関係による，トピックからコメントへというまとまりになっている。指示的な「その」や接続表現は内容のつながりの度合いである「結束性」を高める。

　一方，先に述べた，情報を有効に伝える原則や基本的区分によって，受け手が混乱なく情報内容を受け入れるように，送り手が配慮する。さらに，

発話での注意点は，(1) 極度に高いピッチに急に移行するのを避ける。放送記者などが準備無く現場から報告する際とか，実況中継などで，急なピッチの上がり下がりの繰り返しのために意味の焦点部が不明になり，聞きにくいことがある。際立つ箇所が多ければ情報内容の重点を識別し難い。(2) 長い修飾部の後の主要部分が明確に伝わるように音韻上の配慮が行われる。例えば，間，焦点などにより，際立ちが形成される。(3) 文末は本来聞き手にとって，記憶の留まりが良いところなので，焦点などとして解されるのが普通。そこに音韻上の強調をし過ぎるとかえって不自然になる。

また，「〜の」や「〜もの」「〜ところ」「〜こと」等のように意味が希薄になった形式的名詞間で，以下の例のように2つの出来事の時間関係や因果関係の情報を伝達する仕方に差異が出る。

a. 保安官は漁船が当たろうとしている {の／こと／ˣもの／ˣところ} をすぐに察知しました。

b. 橋の上で警官が泥棒ともみ合っていた {の／ˣこと／? もの／ところ} が誤って川に落ちました。

石川 (Ishikawa, 2009) は，こうした談話での伝達上の特徴はそれぞれの出来事の継続・非継続の相の違いにあるとする。また，bの例のような「〜の」発話文では2つの出来事がナラティブ（物語り）様式で伝達されるので，互いの出来事が時間的順番で描かれる。ところが次のAとBの関係は，話し手が出来事の結果を情報として重きをおいているので，伝達上，時間経過とは異なる配列になる。

Max fell._A John pushed him._B

つまり，「マックスが倒れた」と「ジョンがマックスを押した」で，結果の「倒れ」が先に述べられ，原因の「押し」は後になった。井上 (2009) では，報道記事などの終結部に現れる「…その犯人は…事件後に現場に戻っているという。」の「〜という」は中間話法の1つで，談話の本体全体を結合して新しい話題の提供へと進むのに用いられると分析した。

◆参考文献

井出祥子（他）（1986）『日本人とアメリカ人の敬語行動』南雲堂
井出祥子（2006）『わきまえの語用論』大修館書店
井上和子（2009）『生成文法と日本語研究』大修館書店
内田照久（2002）「音声の発話速度が話者の性格印象に与える影響」『心理学研究』73：131-9.
小川一美・吉田俊和（1998）「発話スタイルがパーソナリティ認知に及ぼす効果」『名古屋大学教育学部紀要』46：131-9
鯨岡　峻（2005）『エピソード記述入門』東京大学出版会
ザトラウスキー , P.（1993）『日本語の談話の構造分析―勧誘のストラテジーの考察』くろしお出版
―――（1994）「インターアクションの社会言語学」『日本語学』13.9：40-51
スペンサー＝オーティ, H. 編著（2004）『異文化理解の語用論』研究社
大坊郁夫・磯友輝子（2009）「対人コミュニケーション研究への科学的アプローチ」大坊郁夫・永瀬治郎（編）（2009）『関係とコミュニケーション』2-35. ひつじ書房
大坊郁夫・永瀬治郎（編）（2009）『関係とコミュニケーション』ひつじ書房
水谷　修（1979）『話しことばと日本人：日本語の生態』創拓社
宮原　哲（1992）『入門コミュニケーション論』松柏社
Brown, P., & Levinson, S. (1987). *Politeness*. Cambridge/New York: Cambridge U. P.
Burgoon, J., Stern, L., & Dillman, L. (1995). *Interpersonal adaptation: Dyadic interaction patterns*. Cambridge: Cambridge U. P.
Chafe, W. (1980). The deployment of consciousness in the production of a narrative. In Chafe, W. (Ed.), *The Pear stories*. Norwood, NJ: Ablex.
―――(1982). Integration and involvement in speaking, writing and oral literature. In Tannen, D. (Ed.), *Spoken and written language*. Norwood, NJ: Ablex.
Cushman, D., & Florence, B. (1974). Development of interpersonal communication theory. *Today's speech 22*.
Dijksterhuis, A. (2005). Why we are social animals. In S. Hurley & N. Chater (Eds.), *Perspectives on imitation*, Vol. 2. Cambridge, MA: MIT Press.

Duck, S. (1973). Interpersonal communication in developing acquaintance. In G. Miller (Ed.), *Explorations in interpersonal communication.* Beverly Hills, CA: Sage.

Giles, H. et al. (1991). *Contexts of accommodation.* Cambridge: Cambridge U. P.

Goffman, E. (1959). *The presentation of self in everyday life.* New York: Doubleday.

―――(1961). *Encounters.* New York: Bobbs -Merrill Company.

―――(1967). *Interaction ritual.* New York: Doubleday.

Gumperz, J. (1982). *Discourse strategies.* Cambridge: Cambridge U. P.

Hall, E. (1966). *The hidden dimension.* New York: Doubleday.

―――(1976). *Beyond culture.* New York: Doubleday.

Hymes, D. (1972). On communicative competence. In J. B. Pride & J. Holmes (Eds.), *Sociolinguistics.* Harmondsworth: Penguin.

Iacoboni, M. (2009). The problem of other minds is not a problem. In J. A. Pineda (Ed.), *Mirror neuron systems.* Totowa, NJ : Humana Press.

Ishikawa, K. (2009). *Discourse representation of temporal relations in the so-called head-internal relatives.* Hituzi Syobo Publishing.

Johnstone, B. (2008). *Discourse analysis.* Malden, MA: Blackwell.

Knapp, M., & Vangelisti, A. (1992). *Interpersonal communication and human relationships.* Boston: Allyn & Bacon.

Koprowska, J. (2010). *Communication and interpersonal skills in social work.* Exeter, U. K.: Learning Matters.

Lazare, A. (2004). *On apology.* New York: Oxford U. P.

Labov, W. et al. (1967). Narrative analysis: oral versions of personal experience. In *Journal of narrative & life history, 7 : 3-38.*

Manhart, K. (2006). Good friends. *Scientific American Mind, 17-2.*

Maslow, A. (1954). *Motivation and personality.* New York: Harper & Row.

Meltzoff, A. (2005). Imitation and other minds. In S. Hurley & N. Chater (Eds.), *Perspectives on imitation,* Vol. 2. Cambridge, MA: MIT Press.

Miller, G., & Lobe, J. (1967). Opinionated language, open- & closed-mindedness and response to persuasive communications. *J. of Communication,* 17 : 333-41.

Miller, G., & Steinberg, M. (1975). *Between people: A new analysis of interpersonal communication*. Chicago Science Research Assoc.

Potter, J. (1997). Discourse analysis as a way of analyzing naturally occurring talk. In D. Silverman (Ed.), *Qualitative analysis*. London: Sage.

Prince, E. (1981). Toward a taxonomy of Given-New information. In P. Cole (Ed.), *Radical Pragmatics*. New York: Academic Press.

—— (1992). The ZPG letter: Subjects, definiteness, and information status. In S. Thompson & W. Mann (Eds.), *Discourse description*. Philadelphia: John Benjamins.

Rizzolatti, G., & Sinigaglia, C. (2006). *Mirrors in the brain*. Oxford: Oxford U. P.

Rokeach, M. (1960). *The open and closed mind*. New York: Basic Books.

Schäfer, W. (1956). *Der kritische Raum und die kritische Situation in der tierischen Sozietät*. Frankfurt: Krämer.

Schiffrin, D. (1987). *Discourse markers*. Cambridge: Cambridge U. P.

—— (1994). *Approaches to discourse*. Malden, MA: Blackwell.

Schutz, W. (1958). *Firo: A three-dimensional theory of interpersonal behavior*. New York: Holt, Rinehart & Winston.

Trenholm, S. (2011). *Thinking through communication*. International edition. Pearson.

——& Jensen, A. (2008). *Interpersonal communication*. New York: Oxford U. P.

Wetherell, M. et al. (2001). *Discourse theory and practice*. London: Sage.

Woods, N. (2006). *Describing discourse*. London: Hodder Arnold.

第3章

社会とコミュニケーション

出口剛司

> ⇨ 「社会」とは何だろうか？ あなたが「社会」という言葉を使う時，どういうものをイメージしているのだろうか？ 「社会」は個人の単なる集まりなのだろうか，あるいは個人の集まりを超えた何らかの実体なのだろうか？
>
> ⇨ あなたらしさやあなたの個性は，どのようにして生まれてくるのだろうか？ それは生まれながらに持っている素質なのか，あるいは社会の中で作られてくるものなのか？ またあなたの内面世界と「社会」は，どのような形で結びついているのだろうか？
>
> ⇨ 集団の中で発言する時に，あなたの発言に求められる基準とは何か？ また集団の中で合意形成を行う場合，そのためのコミュニケーションはどのような条件を満たさなければならないのだろうか？

3.1.「社会」についての2つの見方

「社会」という言葉をよく耳にするが，われわれはその正体についてはっきり認識しているわけではない。それは，単なる個人の集合体につけられた名前にすぎないのだろうか，あるいは個人を超えた実在なのだろうか。当たり前のように使っている言葉だが，中身について明確なイメージを持つことは意外に難しい。本章では，こうした「社会」やその中で展開されるコミュニケーションに注目することによって，現代社会の特徴とそこで求められているコミュニケーション能力について考えてみたい。

社会の正体について考えるために，社会学という分野をちょっと覗いてみよう。そこには社会に関する2つの見方がある。1つは「社会とは個人の集まりである」というものである。すなわち，社会という実体は存在せず，実体としてリアルに存在しているのはその構成要素としての個人だけであるという考え方である。例えば，「日本社会」という言い方を取り上げてみよう。「日本社会」というものを，外国から来た友人に説明しようとしたとする。そうすると，「日本社会」という何か特別な実体が存在しているわけではなく，実際に存在しているのは，行動する一人ひとりの個人としての日本人にすぎないということにすぐに気づくだろう。このように，社会は構成要素としての個人や個人と個人のコミュニケーションの単なる集まりにすぎず，社会とは本質的にそうした集合体につけた名称にすぎないとする立場を「**社会名目論**」（☞208ページ参照）（social nominalism）と呼んでいる。たしかに，この名目論は1つの見方として説得力がある。しかし，はたして社会は常に名目にすぎないと言い切れるだろうか。社会自体は一つひとつの構成要素（個人）の集まりかもしれないが，いったん構成要素の集合体として形成された社会は，個人やそれらのコミュニケーションとは区別されて独立した実在性を持つ，それ自体生き物のような存在になっているのではないだろうか。景気を例に考えてみよう。われわれがいくら日本の景気をよくしようとして，全財産を購買行動やサーヴィスの消費に充てたとしても，総和としての社会全体の景気が必ずしもよくなるとは限らない。実際，景気を目に見える形に表した様々な指標——株価や為替市場——などは，投資家，政治家，市場関係者の思惑をしばしば裏切るのである。つまり，構成要素としての個人がコミュニケーションを集積し，いったん制度や組織が出来てしまうと，そこに生きる個人とは無関係に社会は独自の論理で一人歩きするのである。社会学では，このように社会にそれ自体のリアリティをみとめる見方を「**社会実在論**」（☞208ページ参照）（social realism）と呼んでいる。

3.2.『ほしのこえ』と失われる〈社会〉のリアリティ

　社会名目論と実在論のどちらがより説得的かは，個人の経験や好みによるところが大きい。実際，社会学の中でもはっきりとした結論が出ているわけではない。しかし，最近，社会実在論が主張してきた〈社会〉の存在に感覚的に実感を持てない人々が増えてきている。ここでは，ひとまず自己の内面や情緒的に親密な他者（親友や恋人）の外部に広がる組織，制度，それらを制御するルールや規範の総体を〈社会〉と表現することにしよう。そうした〈社会〉に対してリアリティを持つことができず，自分自身の問題にのみ関心を向け，親しい友人としかコミュニケーションできない／しない人々が増えてきたと言われている（限界小説研究会，2009）。こうした人々にとって，〈社会〉がリアリティを喪失する現象が極端に進むと，いっさいの組織や制度から撤退してしまう「引きこもり」となるのである。

　しかし，〈社会〉がリアリティを喪失するとはどういう事態なのだろうか。それを端的に表現したサブカルチャー作品を取り上げてみることにしよう。2002年に新海誠によって制作されたアニメーション映画に，『ほしのこえ』という作品がある。数多くの賞を受賞し驚異的なDVD売り上げを誇ったこの作品は，現在ではSF的モチーフと青春物語をミックスした，いわゆるセカイ系サブカルチャーを代表するアニメ作品と見なされている。セカイ系とは，東浩紀の定義によると，「主人公と恋愛相手の小さく感情的な人間関係（きみとぼく）」を社会や国家のような中間項の描写を挟むことなく，『世界の危機』『この世の終わり』といった大きな存在論的な問題に直結させる想像力」に依拠した作品群のことである（東，2007：96）。こうした系列のアニメの元祖として，爆発的なブームを巻き起こした『新世紀エヴァンゲリオン』がしばしば挙げられる。ここで取り上げる『ほしのこえ』も，そうした系統を受け継いだ作品である（以下は大場惑によるMF文庫版に依拠している）。物語は，ノボル（寺尾昇）とミカコ（長峰美加子）という学校の剣道部の活動を通して知り合った一組の中学生のカップルを主人公に展開する。ただし，ノボルとミカコは深い恋愛関係にあるわけではない。だからといって，単なる友だちでもない。友達以上，恋人未満で

あり，まだ漠然とお互いに同じ高校に行けたらいい，と思い合う関係にすぎない。ところが，そのミカコが中学の卒業式を待たず，突然，国連宇宙軍の新鋭艦リシテア号に乗り組み，タルシアンと呼ばれる謎の地球外生命体を求めて，はるか彼方の宇宙空間を捜索する任務に就く。しかも，太陽系の惑星で特殊な訓練を受け，やがてトレーサーと呼ばれるロボットのオペレーター（戦闘員）となり，タルシアンとの激しい戦闘シーンを繰り広げるのである。一方のノボルが高校，大学，大学院へと進学するのに対し，ミカコは戦闘と宇宙空間のワープを繰り返しながら，タルシアンを追い求めて地球からどんどん離れていく。宇宙空間に引き裂かれたこの2人を繋ぐのは，お互いが持っているケータイ電話だけである（2049年には，宇宙空間でのメール送受信が可能という設定になっている）。むろん，ミカコが探査任務に従って地球から遠く離れるにつれ，ケータイの着信所要時間も長くなる。最終的に2人の空間的隔たりは8.3光年に及び，メール着信の所要時間は8年を超えるようになる。しかし，8.3光年の距離に引き裂かれた遠距恋愛の効果によって，逆に友達以上恋人未満の関係は，徐々にその強度と純度を高めていくのである。そしてクライマックス。着信に8年かかったミカコのメールは無事ノボルのもとに届き，通信技師として捜索隊に加わったノボルは，成長したミカコと再会する。

　こうして物語を俯瞰して見ると，何の変哲もないSFに純愛物語を加味した現代版教養小説のように見える。しかし，この『ほしのこえ』という作品には，奇妙な点が1つある。部活の同級生が突如戦闘機の戦士になるという唐突さもさることながら，宇宙規模の戦闘や人類の運命が語られる一方で，作品の中で唯一，リアルに描かれるのが「きみとぼく」（つまりミカコとノボル）の身体的接触を伴わないケータイによるコミュニケーションだけなのである。しかも，ミカコがワープを繰り返し着信所要時間が長くなればなるほど，相手を想う気持ちはより純度を高め，強度を増していく。そしてその純化と強化に比例して，物語の中でミカコとノボル2人のケータイコミュニケーションの外側に実在するはずの〈社会〉が消されていくのである。現実の私たちは，自分を起点として家族，学校，地域社

会，職場や企業，国家や国際社会といった様々な組織，制度，ルールに絡みとられて生きている。しかし，『ほしのこえ』にはそういう〈社会〉という実在がすべて排除されているのである。確かに国連宇宙軍，航宙自衛隊，（日本）政府といった存在は示唆されるのだが，その正体は謎であり，実際に作品中ごくわずかに言及される程度にすぎない。加えて出合いのきっかけとなった部活も最初からほとんど登場しない。それどころか，家族やクラスの友人ですらその具体的な姿を見せない。10代のノボルにとっておそらく生活のすべてである学校や仲間といった集団，進路選択，そして受験といった制度的要素に対し，ノボル自身ほとんど無関心なのである。ノボルはミカコを想い，ただ古いケータイを大切に持ち歩いているにすぎない。そして戦闘のさなかに「だけどわたしは，ノボル君に会いたいだけなのに……。好きって，いいたいだけなのに……」と呟くミカコも然りである（『ほしのこえ』（MF文庫版）135ページ参照）。タルシアンとの戦闘が繰り広げられる宇宙空間が一方にあり，他方にはノボルとミカコという閉じた親密空間があるにすぎず，当然存在が予想されるミカコを取りまく艦隊内部の制度，組織，人間関係もほとんど登場しないのである。文庫版ではミカコの艦隊の先輩や司令官が登場したり，ノボルの新しい恋人が出現したりするが，それらは物語の本質，すなわち「きみとぼく」の親密な関係にはなんら影響を及ぼさない風景にとどまっている。

　この物語の特徴は，2人の関係がより親密でイマジナリーな関係——実際，片道8年もかかるメール交換では相手の姿はもはや自分のイマジネーション＝想像力の産物でしかない——になればなるほど，関係それ自体が閉じ，その外部にある〈社会〉を排除しはじめる点にある。『ほしのこえ』が人気を集めたのは，他ならぬこの〈社会〉にリアリティを与えないセカイ系的イマジネーションに多くの人々が共鳴したからであろう。社会学では，こうした親密な関係性の外部を排除し，関係がそれ自体で完結するような関係のあり方を**「純粋な関係性」**（☞210ページ参照）（pure relationship）と呼んでいるが（ギデンズ，1992＝1995），現代社会ではこうした「きみとぼく」の情緒的に親密でかつ純粋な関係だけがリアリティを増し，逆に親

密圏の外部に広がる組織や制度，つまり〈社会〉が不透明性を増しているのである。『ほしのこえ』で言えば，国家，地域社会は言うまでもなく，家族，クラスや部活の友人でさえ，意識の背景に退いていく。

　こうして〈社会〉の不透明性が高まり，コミュニケーション空間が親密圏へと内側に閉じてしまうのは，後期近代というわれわれの時代の宿命でもある。近代という時代は，これまでイエ，村落共同体，同業者組合と集合体に埋没していた個人がそこから自立し，自由と独立性を手にした時代であった。そして私たちは，こうした個の自立や個人化過程の徹底した帰結の中に放り込まれ，自立と独立が強制される時代に生きている（バウマン，2001=2008）。見方を変えれば，個人化の進展によって個人を封じ込めていた社会の組織，制度の結びつきが弱まり，解体の危機にさらされているのである。こうした社会のありようは液状化する近代（liquid modernity）と呼ばれているが（バウマン，2000=2001），いずれにせよ，個人化と社会の液状化は，相互に影響を及ぼしながら〈社会〉という存在のリアリティを打ち消していく。それに伴って，個人の側も孤立感や孤独感を深めていく。その結果，個人は自分自身の感情と極めて同質的な親密空間の中に閉じこもる傾向を強めるようになるのである。加えて近年,「**リスク社会**」（☞213ページ参照）（risk society）の到来やグローバル化の進展とともに国際競争，国内競争が激化し，こうした競争の中で地域コミュニティや労働組合など，これまで個人を保護していた連帯的組織や制度が崩壊しつつある。その中で，個人と個人が自己責任の名のもとに敵対的なライバル関係となる。また個人はよりいっそう孤独感や孤立感を深め，外部のないより親密で純粋な関係性へ，そして自己自身の内面へと撤退していく傾向が強まっているのである。

　ここで，われわれが直面する現実の社会に目を向けてみよう。2011年3月11日に日本を襲った東日本大震災は，失われた〈社会〉のリアリティを急速に高めているのではないだろうか。平凡な日常世界では見えてこなかった〈社会〉——この場合は学校，町内会，役所，商店街のような地域コミュニティを考えてみるとよい——というものが，崩壊の危機にさら

されることによって，逆にその重要性を高めている。また何度も記者会見を繰り返す政府，原子力発電所を管理する企業，支援を訴え活動するボランティアなど，親密な関係の外部に広がる制度や組織が，震災を契機に可視化しはじめている。そこで本章では，こうした親密な関係の外部にある〈社会〉とは一体どのような形で存在しているのか，その存在の仕方とコミュニケーションとの関わりはどのようなものか，という疑問に迫っていきたい。それは同時に，平凡な日常の中では背景に退いてしまっている〈社会〉に対して，コミュニケーションという行為が果たす役割を自覚的に取り出し，現在必要とされているコミュニケーションの能力について明らかにすることにつながる。

そのために，以下の節では個人，コミュニケーション，〈社会〉の関係を軸に，3つの段階を踏んで考察をすすめていく。まず，一見，私たちの感性にとって疎遠な存在となりつつある〈社会〉が，実際には個人の「中（in）」にある内面世界と切っても切れない密接な関係にあることをG. H. ミードの社会心理学を参照しつつ明らかにする。次に，E. ゴフマンの相互行為論に注目しながら，そうした個人と個人の「間（among）」に〈社会〉が生成，維持されるプロセスを明らかにし，個人，コミュニケーション，〈社会〉の循環的な相互連関を明確にする。さらに，J. ハーバーマスのコミュニケーション的行為論を通じて，そうした外延に広がる〈社会〉を（再）構築すべく，能動的に働きかけるコミュニケーションの機能について明らかにする。最後に，現代という時代に生きる私たちにどのようなコミュニケーション能力が必要とされているかに関するまとめを提示したい。

3.3. コミュニケーションと自己の「中」にある〈社会〉

しばしば，われわれは「素の自分」「天然」といった表現を耳にする。飾り気のないキャラや社会や他人の影響を受けない「純度100パーセントの自分」という意味である（土井，2008）。様々な外圧から相対的に守られていた以前の時代と違って，国の内外で経済的な競争が激化し，効率性や利潤追求への圧力が強まると，社会は個人に対して集団への協調性や同

一性よりも、その人にしかない個性（貢献）を要求するようになる。つまり、社会や経済の動きに柔軟かつ敏感に対応することができ、他の人々とは違ったユニークな貢献を行うことが求められるのである。こうした私らしさや個性を重視する傾向が強まると、人々は、自分らしさや個性の根拠を他人から影響されない自分自身の内面世界に求めようとする。これが「純度100パーセントの自分」に拘る心理である。近年の**心理主義**（☞210ページ参照）（psychologism）と呼ばれる傾向、すなわち臨床心理学、カウンセリング、さらにはスピリチュアルなものに人気が集まるのも、自分の内面世界にある「本当の自分」を知りたい、「本来の自分」になりたい、という社会意識の反映といえる。

　しかし、他人の影響を受けない純度100パーセントの自分など、果たして存在可能なのだろうか。結論から言うと、私らしさを保存している最も純粋な私の内面世界も、実は〈社会〉によって形成され、その強い影響下にある。むしろ私の個性や内面世界は、コミュニケーションを媒介にして〈社会〉によってはじめて可能になるのである。ここである文学作品に登場する著名な悩める青年に登場してもらおう。

　　生きるか、死ぬか、それが問題だ。
　　どちらが立派な生き方か、
　　気まぐれな運命が放つ矢弾にじっと耐え忍ぶのと、
　　怒濤のように打ち寄せる苦難に刃向かい、
　　勇敢に戦って相共に果てるのと。死ぬとは――眠ること、
　　それだけだ。そう、眠れば終る、心の痛みも、
　　この肉体が受けねばならぬ定めの数々の苦しみも。
　　死んで眠る、ただそれだけのことなら、
　　これほど幸せな終りもありはしない！
　　眠れば、たぶん夢を見る、そう、そこが厄介なのだ。

　ここで引用した独白は、イギリスの劇作家ウィリアム・シェイクスピア

の『ハムレット』の一節である（岩波文庫版142ページ以下を参照）。『ハムレット』は，デンマーク王子ハムレットが，兄であった前王（ハムレットから見ると実父）を殺害し，王位とその王妃（ハムレットの実母）を奪い取った叔父に対し，復讐を行う物語である。引用した独白は，叔父に対する（父殺しの）疑念が確信に変わった瞬間，ハムレットが口にする台詞である。父を殺し，母と王位を奪った叔父を殺害し，見事名誉ある復讐を遂げるべきなのか，あるいは反対に，そうした苦難の道を放棄し，使命に背を向けるのか。復讐物語というからには，主人公として決断力と実行力を兼ね備えた英雄像をイメージしがちであるが，ハムレットは全く違っている。自身の生き方，なすべき使命に悩み苦悩しているのである。ここで注目すべき点は，このハムレットの苦悩が独白という形式，つまり独り言という形を取っていることだ。なるほど独白という形式を取らなければ，沈黙するハムレットが舞台に登場するだけでは劇が成立しないという見方もある。しかし，そもそも苦悩や悩みというのは，声に出さずとも内面世界の中で独白という形を取るものではないだろうか。独白とは内的なコミュニケーション，自分ともう一人の自分との自己内対話である。

　次に，正反対に，他者との対話という形を取っているが，本当は自己内対話となっているシーンを取り上げてみよう。ハムレットは，当初から父を殺害した犯人が叔父であることにうすうす気づいている。最初はその事実を認めようとしないが，徐々にその疑惑が確信に変わっていく。そこで重要な役割を果たすのが，亡き父の亡霊との対話である（同前65ページ以下を参照）。

亡霊：　　　　憐みは無用じゃ。ただ，今より明かす事の経緯（いきさつ）を心して聞け。
ハムレット：語れ，是非とも聞こう。
亡霊：　　　　聞けば，復讐の義務を果たさねばならぬことになるが，いいか。
ハムレット：何だと？

亡霊：　　　われこそは，汝の父の亡霊，
（中略）
亡霊：　　　無残，非道にも殺された父の敵(かたき)を討て。
ハムレット：殺された？
亡霊：　　　人殺しは同情すべき如何なる事情があろうとも，非道の罪，だが，これこそは極悪非道，自然にもとる稀有(け う)な大罪だった。
ハムレット：早く，早く，お聞かせ下さい。
　　　　　　空想や恋の思いに劣らぬ迅速な翼に乗って，
　　　　　　敵(かたき)を襲い，きっと復讐を遂げますから。

　（そういう解釈を完全に否定はしないが）実際にハムレットが父の亡霊と対話したわけではない。むしろこのシーンは，ハムレットの中の真実から目をそむけ，復讐の義務に戸惑う自分と，現実を受け入れ果たすべき義務を知る自分との間の葛藤と見ることができるだろう。そしてハムレットは亡霊との対話の中で「ああ，予感していたとおりだ！」（同前67ページ）と叫び，父殺害の犯人が叔父であったことを確信するに至るのである。ここでは，確信へと至るハムレットの思考のプロセスが亡霊との対話として実体的に描かれているが，真実から目を背ける自分と確信する自分との内面世界での葛藤と解釈できよう。
　人間の本来の思考のプロセスをこうした自己内対話として考察したのが，アメリカの社会心理学者 G. H. ミードである（George Herbert Mead, 1863-1931）。今度は，もう少し身近な例を挙げてみよう。
　新たに一人暮らしを始めたあなたに，どうしても欠席できない授業が1時限目にあったとしよう。しかし，あなたは夜更かししたために，どうしても起きることができない。その時，あなたの中のもう一人のあなたがあなたに語りかける。「今ならまだ間に合うから起きるんだ」と。それに対してあなたは「まだベッドから出たくない」と拒否する。
　この単純な例から明らかなように，思考というのは多くの場合，自己内

における私ともう一人の私とのコミュニケーションという形を取る。ミードは，この自己内における主体としての私を主我（I），私に語りかけるもう一人の私を客我（Me）と名づけた（ミード，1934=1973）。ミードによると，私という存在は衝動的かつ瞬間的な欲望する存在としての主我と，それに対する規制や反応としての客我という2つの局面から成り立っている。この例に即して言えば，惰眠をむさぼろうとする私が主我であり，それを正し，起床するように説く私が客我である。さきほどのハムレットの例でいえば，義務を避け死に逃避しようとするハムレットが主我であり，子としての復讐の義務を自覚するもう一人のハムレット，あるいは亡霊の姿で登場する父が客我ということになる。

　ところで，起床と授業への出席を強いるもう一人の私の存在は，一体何に由来しているのだろうか。1時限目の出席をめぐる葛藤の中で，あなたに「今ならまだ間に合うから起きるんだ」と語る声に聞き覚えはないだろうか。それは，あなたがまだ小さかった頃のお母さんであったりお父さんであったりはしないだろうか。もしかしたら，お兄さんやお姉さん，学校の先生かもしれない。そう考えると，大学生のあなたが1時限目の授業をめぐって経験する内面世界の葛藤の原型は，遡って幼い時分のあなたとあなたの両親とのコミュニケーションにあったのである。つまり，思考とは外的コミュニケーションを内面に再現した内的コミュニケーションなのである。ミードは，こうした家族，先輩，先生など，自己にとって親密な存在であり，自己形成の初期にかかわった人物を「重要な他者」（significant other）と呼んでいる。私たちはこうした重要な他者の態度や役割を学習することを通して，外的なコミュニケーションを内面に再現することが可能となる。そして思考とは，こうした自己と内面化された他者との内的コミュニケーションと考えることができるのである。

　もちろん，1時限目の授業をめぐる葛藤の中で現実の母や父の声が聞こえてくるわけではないだろう。あくまで幼い頃の私たちの原光景にとっては，具体的かつ経験的な重要な他者の声だが，やはりわれわれが葛藤しているのは大学生あるいは一人前の大人として課せられた「義務」の観念で

ある。あなたに行動を迫るのは，具体的な声ではなくあなたが属する大学という組織や高等教育という制度，そしてその中で課されるルールや規範なのである。ハムレットの場合も同じである。父の亡霊との対話のあとの場面で登場する「生きるか，死ぬか，それが問題だ」と問い苦悩するハムレットは，世襲王政という枠組み秩序の中で，王子として正すべき不正と守るべき秩序に直面し，苦悩しているのである。

3.4. コミュニケーションと自己の生成メカニズム

　ミードは，これに関わる発達のメカニズムを子どもの遊戯による自己形成を例に解明している。ミードによれば，発達の最初のモデルはプレイ（ごっこ遊び）である。日本語で言えば，ままごと遊びのようなものを想像するとよい。ままごとの中で，子どもたちは自分の母親や父親の役割を夢中で演じる。ミードはこうした役割演技の中で子どもの内的世界に父や母の役割が取り入れられ，学習されるとした。まさに父の声，母の声が内面化されるのである。こうしたままごとの段階が，重要な他者の役割の模倣を通して学習する段階だとすれば，次のゲームの段階は学習した複数の役割を組織立てて遂行する段階である。ミードは，その具体例として野球を挙げている。野球というゲームが問題なくプレイされるためには，グランドに立つ9名（守備）プラス1名（打者）のプレイヤーは，ただ自分の果たすべき役割だけでなく，他のプレイヤーの役割，動きというものをあらかじめ学習し，それらをその都度，組織化しながらその中で自分に与えられた役割を遂行していかねばならない。この段階に至って，自己は社会集団の中で組織的に行動することができるようになるのである。

　さらにミードはプレイとゲームという2つの段階を経て，「一般化された他者」（generalized other）の役割取得について論じている。一般化された他者とは，先の「重要な他者」とは異なり，個別具体的な人物を指すのではなく，その自己が属する組織や制度，大きな集合体の規範，これまでの表現を使えば〈社会〉のルール的側面である。こうした一般化された他者の役割や態度を学習することによって，自己は共同体や全体社会の中

で反省的かつ自律的に行動することが可能となる。成長した自己を制御するのは，具体的な母や父の呼びかけではなく，それらに媒介されて学習し，長年に渡って身に付けた社会のルールや規範なのである。もちろん，そうした社会のルールや規範が，個人の苦悩の源泉となることもあれば，逆に個人の問題状況を解決する手段を提供してくれることもある。いずれにせよ，私の内面世界の中には単独の「私」が存在するのではなく，役割や態度の学習を通して内面化した他者が存在しており，私の思考のプロセスというものは，そうした他者（もう一人の私，それらが抽象化した規範やルール）との間のコミュニケーション過程，内的対話の過程なのである。

　こうして見ると，他者の影響を排除した純度100パーセントの自分というものは存在せず，また反対に私の内面世界の外部に疎遠な〈社会〉が存在するのでもないことが明らかになるだろう。私の内面世界そのものが他者とのコミュニケーションの再現であり，〈社会〉もまさにそうしたコミュニケーションを通して私たちの内面世界の「中」に存在しているのである。また私らしさや私の個性という点から言うと，できるだけ多くの他者とコミュニケーションし合い，そうしたコミュニケーションパートナーの考え方や感じ方を学習すればするほど，私は他の人間とは異なる思考や行動を取ることが可能となる。つまりコミュニケーションを通して，社会的であればあるほど，〈社会〉に内在すればするほど，逆に私の個性は高まるのである。

3.5. コミュニケーションと自己と他者たちの「間」にある〈社会〉

　3，4節では，〈社会〉から切断されたように見える自己の内面世界もまた，コミュニケーションを媒介にして〈社会〉と接続していること，逆にそうした〈社会〉におけるコミュニケーションによってはじめて，自己の内面世界や私の個性が形作られていることをミードのコミュニケーション論を援用しながら明らかにしてきた。しかし，そこで語られたコミュニケーションは，私と父や母，私と兄や弟，私と姉や妹，先輩，教師，ミードの表現を用いれば主我と重要な他者，あるいは主我と一般化された他者と

いう一対一の関係の中で展開されるものである。しかし現実世界のコミュニケーション空間には，自己の他に複数の他者が常に存在し，一対一どころか，一対多，多対多のコミュニケーションが展開されている。そして〈社会〉とは，そうした複数の自己と他者とのコミュニケーション過程から立ち上がってくるものである。例えば，講義やゼミが始まる直前，教室で友人とかわす世間話，サークルやアルバイト先での先輩，仲間，後輩との雑談，そして受験や就職活動の面接など，あらゆる場面で二者以上のコミュニケーション関係に直面しているのである。〈社会〉はまさに，複数の自己と他者の「間」，コミュニケーション関係のただ中に存在しているのである。前節では自己の内面世界の中に〈社会〉を見出してきたが，以下，そうした〈社会〉が，自己の内面世界を超え出た複数の自己と他者との「間」，コミュニケーション過程によって形成，維持されるメカニズムを解明する。

複数の自己と他者が共在する空間を研究対象としたのが，アメリカの社会学者 E. ゴフマン（Erving Goffman, 1922-1982）である。彼によると，自己や他者はコミュニケーションを通して明確な仕草や表情，言語によって意思疎通をはかっている。しかし同時に，人間の対面的コミュニケーションにはそうした意志疎通とは相対的に独立した次元で，一定の望ましい，あるいは受け入れてほしいと願う自己のイメージというものを，他者たちに呈示しようする側面がある（ゴフマン，1954=1974）。私たちは具体的なメッセージの交換より前に，あるいはその中で，お互いに自己を提示し合い，印象を操作し合っているのである。しかもゴフマンによると，演技による自己呈示や印象操作し合う自己と他者は，暗黙のルールに従い，そのルールのもとで戦略的に行為し合っている。こうした対面的コミュニケーションにおける戦略と暗黙のルールを，史上最年少（当時 19 歳）の芥川賞受賞作家，綿矢りさの『蹴りたい背中』から取り出してみよう（以下，河出文庫版を参照）。

主人公は，入学したばかりの高校生，ハツ（長谷川初実）である。小説の舞台は，彼女の部活（陸上部）とクラスの人間関係であり，なかでも主

人公のハツ，中学時代からの親友でクラスメートの絹代，そして級友の男友達にな川(蜷川)との関係が中心となる。主人公のハツは，新しいクラスメートや，部活のメンバーに馴染めず，彼ら／彼女らのコミュニケーション――自己呈示と印象操作――に対するアイロニカルな観察者となっている。ある日，そのハツが部活の練習中に転んで怪我をする(同前50ページ以下を参照)。

「ハツ，大丈夫？」
　口の周りに運動場の砂をつけて，生まれたてのヤギのように立ち上がろうとしては転ぶ私を，走るのを中断して近寄ってきた先頭の子が心配げに見下ろした。他の部員たちも走るのをやめて，大丈夫，大丈夫？と私の周りに寄ってくる。私を本気で心配しているわけじゃない，ただみんなサボりたいんだ，アップランを。
「先生，怪我人(けがにん)が出ました。」
「長谷川は傷口洗ってきなさい。みんなはトラックに戻って，アップランの続き。」
「えー，何周走ったっけ？」
「どうだったかなー。」
「先生，長谷川さんが転んだのにびっくりして，みんな何周走ったか忘れちゃいました。」
　とぼける部員たちに，先生は渋い顔をした。演技くさい，ぎこちない眉間の皺の寄せ方。
「しょうがない奴らだ。じゃあ今からミーティングだ。」
「それは基礎練は終わりってことですか？」
「お前らは，どう思うんだ？」先生が口元に笑みをたたえながら部員たちをちらっと見る。この，先生が部員に送る"いたずらっぽい視線"には毎度，寒気がする。
「終わりだと思いまーす！」
　先輩部員たちは手を叩(たた)いて過剰に喜び，新入部員である一年生たちも

即真似(まね)をする。お決まりの展開だ。

　ハツが転んで怪我をするが，部員たちはこの怪我を利用して基礎練であるアップランを中止に持ち込もうとする。観察者であるハツの目に映る部員は，みなハツや先生に対して「仲間の怪我を心配する部員」という自己呈示と印象操作にいそしむ演技者である。しかし，ここで生徒たちの演技に対する先生の態度に注目してみよう。先生は演技を見抜き，それを告発するというよりはむしろ協力的でさえある。この場面は自己呈示をする部員たち，その先輩部員たちの演技を支える後輩部員，そして演技の宛先である先生の共謀関係から成り立っているのである。

　ゴフマンは，こうした何気ない日常の場面をドラマ仕立てで描きだすために，演劇に由来する特殊な概念を設定する。まず演技を行う行為者は，エゴ（ego）もしくはパフォーマー（performer）と呼ばれる。それに対して演技を見る側の行為者をオーディエンス（audience）という。高校の運動場という舞台の上で，部員たちパフォーマーがオーディエンスであるハツや先生に対して，「自分が走った回数を忘れるほど，ひどく仲間を心配する自分」を演じているのである。そしてとうとう部員たちの思惑通り，その日の基礎練は中止となった。一見すると，生徒たちのパフォーマンスが成功し，オーディエンスである先生に意図どおりの印象を与えることに成功したように見える。しかし注意深く読むと，この場面にはもう1つの自己呈示が埋め込まれているのである。

　「お前らは，どう思うんだ？」という先生の問いかけ，そして筆者の「お決まりの展開だ」というト書から読み取れるように，オーディエンスであるはずの先生は，パフォーマーの演技をすべて見抜いており，そのパフォーマンスをパフォーマンスとして受け止めている，つまり共謀関係にある。さらにこの後，先生はそれと並行して自らの演技をパフォーマーとして展開していたことが明らかになる。ハツは生徒たちのパフォーマンスを見抜いているだけではなく，オーディエンスであった先生自身がパフォーマーであることをも見抜いているのである。「部活を中止しなければいけない

のは光化学スモッグのせいなのに，自分からの御褒美にするために」先生は演技をしていた。つまり先生は練習の中止を「自分からの御褒美」にしとおしたのである。オーディエンスが実はパフォーマーで，パフォーマーが知らず知らずのうちにオーディエンスの位置に転換しているのである。

このシーンで主人公のハツだけが，生徒の演技と先生の演技の両方を見渡す特権的な外部にいる。そうした彼女の外部性を描き出すために，ゴフマンは表局域（front region），裏局域（back region）という概念を導入する。このうち，パフォーマンスや演出が行われる空間が前者の表局域であり，逆にそうした演出とは矛盾し，否定する情報が存在する空間が裏局域である。ゴフマン自身が使用しているレストランの例で考えれば，給仕がサーヴィスを行い，客が食事をするフロアーが表局域，客からは見えない厨房が裏局域である。高校の運動場で言えば，生徒たちがハツのことを心配そうにするパフォーマンスやそれを見ている先生の演技は表局域にある。しかしハツだけが，その裏局域に入ることができた。小説の中では裏局域の場面が次のように描かれている（同前57ページを参照）。

そういえば先生が，校舎から走ってきた生徒と話をしているのを，アップランの時に目の端で見たような気がする。あの時に，光化学スモッグ警報が出ている，っていう情報が入ったんだろう。でも先生はそれを部員たちに伝えずに，屋内へのミーティングに持ち込んでしまった。

校舎から走ってきた生徒と先生が話している場面は，先の分類では裏局域である。この裏局域の情報を入手することができたハツだけが，先生の実はオーディエンスでありながら，パフォーマーでもある二面性を見破ることができたのである。

3.6. コミュニケーションによる〈社会〉の再生産

こうして対面的コミュニケーションを見つめ直すと，役割を入れ替わりながら演技し続ける行為者の姿と，そうした演技を通してコミュニケーシ

ョンが連続的に維持されている様子が浮かび上がってくる。だが人はなぜ，演技をするのだろうか。一つに望ましい自己像を印象づけることによって，仲間からの評価が高くなり，様々な実利的利益が得られるという理由が挙げられよう。しかし，コミュニケーション全体が利益を得るための手段になってしまっているわけではない。実はいかなる動機であれ，また仮に自己呈示や印象操作であれ，コミュニケーションがいったん始まると，そこには一定のルールと規範が生じてしまう。つまり，一度友人を心配する仲間という自己呈示を行った部員は，今度から自らが提示したその自己像に縛られ，いつも友人を気にかけねばならない。また「生徒に御褒美をあげる先生」を演じた先生は，これからも部員とのコミュニケーションの中で，理解のある先生であり続けることが期待される。そういった縛りがいかに弱いものであっても，行為者はその縛りを完全に無視することはできない。行為者は自己呈示することによって，逆に呈示した理想的な自己像が1つの規範となって，行為自身を拘束するのである。そういう意味では，自己呈示とは，お互いに望ましい自己像の維持を約束し続ける道徳的な行為とも言えるのである。

　また，いったん始まったコミュニケーションは，個人の目的や意図を離れて自己目的的に維持される。個人を呈示された自己や状況に拘束しつつ，コミュニケーションそのものを継続させる力が意識されない形で働くのである。例えば，一度友だちと話を始めたり，電話をしたり，メールを交換したりすると，今後はそれを終わらせるタイミングが難しいという経験をしたことはないだろうか。一度開始されたコミュニケーションは，コミュニケートし合うことを通してコミュニケーション自体を自己再生産するのである。そうしたコミュニケーション継続の規範が作用している場面を取り出してみよう。ハツと同じく，クラスになじまない男子生徒にな川が学校を連続して欠席した時のクラスメートの会話である。このシーンの会話をリードし，状況を支配している塚本は，な川の欠席を登校拒否と考えている（同前112ページ以下を参照）。

「普通に風邪じゃないの？」絹代が言う。
「ええ?! この暑い時期に風邪なんか引かねーよ。登校拒否の方が確率高いんじゃない？ あいつ友達いないからなあ。おれだったら耐えられないよ、学校来ても誰とも話さないとかさ。」
「唾本（つばもと）うるさい。」反射的に言葉が出て、その鋭さに自分で驚いた。クラスの派手な子たちから、しゃべる時に唾が飛ぶから"唾本"と呼ばれている塚本は、目を見開いて黙る。絹代の顔色が変わった。グループの他の子たちの目つきも。その瞬間、絹代たちがみんな同じ顔に見えて、背筋が寒くなった。私を、「外」のものを見る目つきで見ている。

　ハツは、塚本の発言に対する衝動的、瞬間的いらだちを抑えることができず、思わずあだ名で「唾本うるさい」と叫んでしまう。少なくともこの場のコミュニケーションは、突然割り込んできた行為者ハツによって完全に中断してしまう。塚本は、ここでハツと争うことも可能であった。しかし、塚本はコミュニケーションを維持することを選択する（同前113ページ）。

でも塚本本人は呑気（のんき）に笑って、
「だな、また唾飛ばしてしゃべってるよ、おれ。」
と言って、他の話をし始めた……（以下省略）。

　塚本は、自分に対する不当な攻撃に対し、怒りを露わにし、反撃に出ることも可能であったが、他のオーディエンスに対し、自分自身が怒りの感情から距離をとっている姿を呈示し、コミュニケーションの主導者という地位を維持することに成功したのである。こうしてコミュニケーションそれ自体が維持、継続され続ける限り、自己呈示と印象操作も継続され、さらにそのことによって、自己の役割、理想的な自己像の規範、そしてその場の状況や秩序、あるいは「空気」といったものも、同時に維持されるのである。反対にこうした「空気」を乱すハツはKYとして〈社会〉の「外」へと追放されることになる。要約すれば、共謀＝協力関係にある行為者の

自己呈示と印象操作のコミュニケーションが,「空気」を乱す外部を排除しながら,〈社会〉を維持,再生産していくのである。

　これまでの考察から明らかなように,個人,コミュニケーション,〈社会〉は一つの循環関係にある。つまり,自己と他者とのコミュニケーションが,逆説的にも思考という自己の内的世界を可能にし（3,4節）,また複数の自己と他者のコミュニケーションがその外部にある組織,制度,ルールの存在を支えている（5,6節）。人と人のコミュニケーションが媒体となって,内的世界を持った「個人」とその集合体としての〈社会〉が同時に生産されているのである。

3.7. 〈社会〉を(再)構築するコミュニケーション

　個人の内的世界と〈社会〉がコミュニケーションを通して永久に循環しつづけるなら,私たちはその環の外に出て新しい組織,制度,ルールを作り出すことはできないのではないだろうか。冒頭で論じたように,後期近代という時代を迎え,社会の制度的枠組みが不安定となり,社会全体の液状化が進展している。日本国内を例にとっても,少子高齢化による人口構造の激変,産業の空洞化,長引く不況に伴う正規雇用の減少と非正規雇用の増加,資源環境問題の深刻化,震災以降の復興事業など,これまで私たちが経験したことのない社会問題が山積している。こうした中で,私たちは様々な領域で,組織,制度,それらを支えているルールや規範を根本的に変革し,新たに(再)構築していくことが求められているのである。

　ところが,後期近代という時代に生きる私たちは,そうした組織や制度の設計を行う上で重大な制約が課されている。組織や制度の再編は権力や強制によらず,関係者の自由意思に基づくコミュニケーションと合意に基づかねばならないのである。もし,権力や強制による政策決定がなされたとすれば,それは近世以前の時代に逆戻りすることを意味する。そうした事態を回避すべく,コミュニケーションと合意のための前提条件を明らかにしたのが,ドイツの社会哲学者J. ハーバーマス（Jürgen Habermas, 1929-）である。まずハーバーマスは,人間の行為のうち相互の了解と合

意を目指すものを「**コミュニケーション的行為**」（☞206ページ参照）（communication action）と呼ぶ。その行為のもとで，他者に対する暴力や権力の行使によらず，他者の自由意思に基づく了解と合意に到達するためには，他者に対して自分自身の発言が普遍的な根拠に基づいている，すなわち妥当性（validity）を有していることを示す必要がある（Habermas, 1981=1985）。ハーバーマスは，こうした発話者に要求される妥当性として真理性（truth），正当性（rightness），誠実性（truthfulness）の3つを挙げている。これらの要求は，発話が関係する3つの世界に対応している。すなわち，本来発話は客観的世界（自然の事物や事実の世界），社会的世界（人である行為者と行為者が関係し合う世界），主観的世界（行為者の内面の世界）という三世界に関わっているが，それぞれの世界に対応して発話に妥当性が要求されるのである。その妥当性要求が真理性，正当性，誠実性である。発話を行う行為者は，この3つの妥当性要求に従わねばならないし，逆に妥当性要求に従っていないと，コミュニケーションのパートナーが判断した場合，了解や合意は拒否され，発話者にはその発話内容に関する合理的な説明が要求されるのである。

　例えば，スポーツ系の部活やサークルの会合で，部長がある部員に対し「不祥事を犯したので，出場を停止する」と発言したとしよう。それに対して，あなたは3つの妥当性要求に照らして論争を挑むことができる。まず，その当の部員が本当に不祥事を犯したのかどうか（真実性），次に出場停止という処罰が正規の規約に基づくかどうか，あるいは部長に出場停止を命じる権限があるのかどうか（正当性），さらに出場停止命令が部長の本当の意図かどうか（誠実性），を問うことができるのである。仮に，不祥事の事実がなかったり，ルール上，同じ学生の身分である部長に決定を下す資格がなかったり，あるいは出場停止命令が本当は他の親しい部員をレギュラーにすることを意図した策略であったりすると，そうした命令や決定は妥当性を失い，あらためて議論の対象とされるのである。

　さらに，討議と合意が可能になるためには，コミュニケーションの行われる状況が，強制がないという意味での理想状態を保持していなければな

らない。ハーバーマスは，そうした合意形成における理想状態を「理想的発話状況」（ideal speech situation）と呼んでいる。もちろん，現実社会では権力や貨幣による強制や買収がしばしば生じる。しかし，このような歪められた合意や決定は，それが露見した場合には効力を失ったり，再審の要求にさらされたりするのである。

　親密な人間関係を超えて，その外部で組織，制度，ルールを構想する時，私たちにはどのような能力が必要とされているのだろうか。この問題にようやく答える準備ができたように思われる。近代以降の時代に生きる私たちは，暴力や強制，買収のない理想的状況を設定し，まず相手に理解可能な発言を行わねばならない。そしてそうした発言が可能となるためには，自分自身の物の見方に固執するのではなく，他者の観点（perspective）を学習し，自分自身の見解を脱中心化する能力が必要である。さらに，私たちの発話は，つねに他者とのコミュニケーションに開かれていなければならず，発話はその状況に応じて真理性，正当性，誠実性という3つの妥当性要求を満たさねばならない。そしてそうした基準を満たしていない，あるいは基準それ自体に合意が得られない場合には，いつでもコミュニケーションを再開する勇気を持たねばならないのである。

◆参考文献

宇野常寛（2008）『ゼロ年代の想像力』早川書房
大場惑（原作：新海誠，イラスト：竹岡美穂）（2009）『ほしのこえ』メディアファクトリー（MF文庫）
ギデンズ, A.（1992）／松尾精文ほか（訳）（1995）『親密性の変容』而立書房（Giddens, A. *The transformation of intimacy*. Cambridge：Polity Press.）
限界小説研究会（2009）『社会は存在しない――セカイ系文化論』南雲堂
ゴフマン, E.（1954）／石黒毅（訳）（1974）『行為と演技』誠信書房（Goffman, E. *The presentation of self in everyday life*. Edinburgh：University of Edinburgh.）
シェイクスピア, W.（1600?）／野島秀勝（訳）（2002）『ハムレット』岩波書店（岩波文庫）

新海誠個人サイト（2011年4月17日閲覧）http://www2.odn.ne.jp/~ccs50140/

土井隆義（2008）『友だち地獄―「空気を読む」世代のサバイバル』筑摩書房（ちくま新書）

ハーバーマス，J.（1981）／河上倫逸ほか（訳）（1985）『コミュニケイション的行為の理論(上・中・下)』未來社(Habermas, J. *Theorie des kommunikativen Handelns Bde.1-2.* Frankfurt am Main: Suhrkamp.)

バウマン，Z.（2000）／森田典正（訳）（2001）『リキッド・モダニティ―液状化する社会』大月書店(Bauman, Z. *Liquid modernity.* Cambridge: Polity Press.)

バウマン，Z.（2001）／澤井敦ほか（訳）（2008）『個人化社会』青弓社(Bauman, Z. *The Individualized Society.* Cambridge: Polity Press.)

ベック，U.（1986）／東廉・伊藤美登里（訳）（1998）『危険社会―新しい近代への道』法政大学出版局（ウニベルシタス）(Beck, U. *Riskogesellschaft: Auf dem Weg in eine andere Moderne.* Frankfurt am Main : Suhrkamp.)

東浩紀（2007）『ゲーム的リアリズムの誕生―動物化するポストモダン2』講談社（講談社新書）

ミード，G. H.（1934）／稲葉三千男ほか（訳）（1973）『精神・自我・社会』青木書店(Mead, G. H. *Mind, Self, Society.* edited, with introduction, by Charles W. Morris. Chicago: Chicago University Press.)

綿谷りさ（[2003] 2007）『蹴りたい背中』河出書房新社（河出文庫）

第4章

メディアとコミュニケーション

大黒岳彦

> ➡ コミュニケーションはメディアとどのような関係にあるのか？
>
> ➡ 手段としてのメディアと環境としてのメディアの違いはどのようなものか？ またメディアパラダイムとはどのような考え方か？
>
> ➡ ネットワークパラダイムとマスメディアパラダイムはいかなる点で異なるのか？

4.1. コミュニケーションとメディア
(1) 3つのコミュニケーション観

　コミュニケーションはメディアとセットにして語られ，論じられるのを常としてきたし，実際両者は密接に関連してもいる。だが，原理的に考える場合には，コミュニケーションとは何か，ということがそもそも問題となる。コミュニケーションをどのように捉えるかによってメディアの理解も当然変わってくるからである。本節ではまず，3つの代表的なコミュニケーション観を取り上げ，それぞれにおいてメディアがどのように捉えられ，位置付けられているかを考えていこう。

　3つの代表的なコミュニケーション観とは，①シャノン＝ウィーバーに代表される情報科学的なコミュニケーション観，②ハーバーマスに代表さ

れる行為論的なコミュニケーション観，③ルーマンに代表されるシステム論的なコミュニケーション観である。

(2) 情報科学的コミュニケーション観とそのメディア理解

　シャノンはウィーバーの解説を付けた『通信の数学的理論』を1949年に発表し，そこでコミュニケーションの一般的な定式化を行った。シャノンはコミュニケーションを情報源から受信地までに至るメディア装置や送信路を介しての情報の転送として捉える。このとき重要なのは，シャノンがコミュニケーションにとって本質的だと考えているのが，情報転送の際に必然的に干渉してくるノイズに対して，情報の同一性が損なわれることのない，効率的な符号システム（例えばモールス符号のような）であり，送信されるメッセージの内容や意味がそこでは考慮されていないことである。言い換えれば，意味を持ったメッセージは，転送にあたって一旦，意味のない単なる符号列に変換（すなわち暗号化）され，また受信地でそれを再度，有意味なメッセージとして復元（復号化）してやる必要がある。つまりシャノンが謂うところのコミュニケーションからは直接対面的な人間同士の交渉は除外されており，モデルとして立てられているのはあくまでメディア装置や送信路を介した間接的で遠隔的なコミュニケーション，すなわち「通信」なのである。

　にもかかわらず，シャノン＝ウィーバーによるこの情報科学的なコミュ

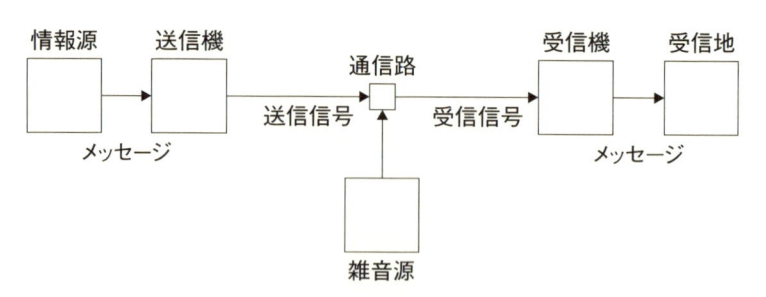

図1　コミュニケーションの一般図式

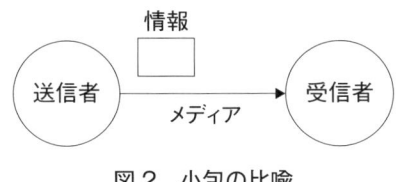

図2 小包の比喩

ニケーション観の影響力は絶大であって，現在私たちがコミュニケーションという言葉でイメージするのは，多くの場合シャノン＝ウィーバーのコミュニケーション図式の簡易版である左のような図式である。この図式においては，まず一方に情報の送信者，他方に受信者が立てられ，その間を仲介するものとしてメディアが要請される。この場合メディアは情報の「乗り物」，あるいは情報がパッケージされて受信者へと送り届けられる「小包」としてイメージされることになる。私たちは，こうしたコミュニケーションやメディアのイメージを「小包の比喩」と呼ぶことにしよう。

(3) 行為論的コミュニケーション観とそのメディア理解

第1のコミュニケーション観は，メディア装置（無線機やラジオ，テレビ）に媒介された間接的で遠隔的なコミュニケーションをモデルとし，コミュニケーションを「符号列としての情報の転移」という機械的過程とみなしたが，これに対して第2のコミュニケーション観は対面的な人間の直接的交渉の場面をコミュニケーションの典型として立てる点に特徴がある。こうした立場を代表するのがフランクフルト学派の社会哲学者ハーバーマスである。彼は独自のコミュニケーション観を，その主著『コミュニケーション行為の理論』(1981) の中で展開しているが，それによればコミュニケーションとは合意へと向かう自由な討議のプロセスのことである。

第2のコミュニケーション観において大切なことは，まず第1の立場がコミュニケーションを「通信」という，人間を介在させることのない（たとえ介在したとしても副次的な役割しか果たさない）機械的過程として理解したのとは違って，どこまでも人間の主体的な営みとして，それもそれぞれが独自の主体である個人の意思が交差する営みとして，すなわち間主体的（intersubjective）な相互行為（interaction）として捉えていこうと

する点にある。

　次に，コミュニケーションの主体は何の束縛もない，どこまでも自由で独立した人格としての個人でなくてはならない。つまり，誰かの意見を単に代弁するだけだったり，また権力関係にある他者の強制によって不本意な意見を言わされているような場合には，本当の意味でのコミュニケーションは成立していない。ハーバーマスがコミュニケーションの前提条件として要請するのは，誰もが対等の立場で何の制約もなく自由に意見を述べ，議論を闘わすことができるような状況（これをハーバーマスは「理想的発話状況」と名付ける）なのである。ハーバーマスは，コミュニケーションと似てはいても他者を自分の目的実現の手段とみなすような擬似的コミュニケーションを「戦略的行為」と呼んで，本来の「コミュニケーション的行為」からはっきりと区別している。

　さらに第1の立場がコミュニケーションを考えるにあたって意味内容を度外視したのとは違い，第2の立場はコミュニケーションがまさに意味内容をその核として，それを巡って合意を得るためになされると考える。

　さて，では第2のコミュニケーション観にあってはメディアはどのように捉えられるのだろうか？　ハーバーマスが本来の理想的なコミュニケーションであると考えるコミュニケーション行為において，メディアとみなされるのは「言語」である。人は言語によってのみ，みずからの意思を表明することができ，また言語によってのみ他者の意思を理解することができ，また言語によってのみ討議することができ，そして何よりも言語によってのみ合意に至ることができる。メディアとして捉えられた言語は，第1の立場の場合のような，乗り物や小包といった情報輸送の手段ではない。それはむしろコミュニケーションが行われるための環境であり，またコミュニケーションが成立するための条件である。この立場にとっては，言語こそがすべての暗闇を照らし出し，人々を開明し，そして合意へと導く啓蒙（en-lightenment：「明るみにもたらす」というのが原義）の媒体なのである。

(4) システム論的コミュニケーション観とそのメディア理解

　第3の立場は，コミュニケーションの本質を第1の立場のように「情報の転移」とは考えないし，また第2の立場のようにそれを「合意へと至る討議」にも求めない。第3の立場がコミュニケーションの核とみなすのは「持続」である。コミュニケーションは次々と連鎖的に接続されることで持続しなければならない。第3のコミュニケーション観の根底にあるのは，こうしたコミュニケーションの連鎖こそが「社会」にほかならず，コミュニケーションの連鎖が途切れる時，社会は消失する，という認識である。コミュニケーションは社会という"器"の中で生じるのではなく，コミュニケーションが社会そのものなのである。社会学者のルーマンはその2つの主著『社会システム』(1984)と『社会の社会』(1997)において以上のような，これまでにないコミュニケーション観を打ち出している。

　ルーマンによれば，社会の構成要素は人間でも，行為でもなく，コミュニケーションである。あるいは社会とはコミュニケーションを構成要素とする〈自律＝自立〉的なシステムである。コミュニケーションとは機械的技術や人間を環境的な条件としながらも，それらからは独立に起こる**社会システム**（☞208ページ参照）の「作動」（operation）なのである。

　こうした立場からすれば，第2の立場が考えるのとは違ってコミュニケーションに「合意を目指す」といった目的などはない。なぜならコミュニケーションとは非人称的な出来事の連鎖であって，そこに誰かの意図や目的が紛れ込む余地などないからである。誤謬や誤解ですら，間違いを指摘したり，訂正したりすることによって次のコミュニケーションのユニットが発動するためのきっかけとして役立っていることを考えれば，合意や真理のみが特権視される理由はない。むしろ誤謬や誤解のほうがコミュニケーションの持続という観点から見れば効用は大きいとすら言える。もう一度繰り返せば，コミュニケーションの本質は，連鎖的な接続すなわち「持続」にある。

(5) システム論における2つのメディア——伝播メディアと成果メディア

　さて，では第3の立場からはメディアはどのように捉えられるのだろうか？　ルーマンのメディア理解において重要なことは，彼がメディアを技術的な水準と内容に関わる水準とを区別した上で，2種類のメディアを立てていることである[1]。ルーマンは技術的な水準のメディアを「伝播メディア」と呼び，内容に関わる水準のメディアを「象徴的一般化メディア」ないし「成果メディア」と呼ぶ。伝播メディアは，声や文字，ラジオやテレビといったいわゆるメディア技術のことである。このメディア技術によって，コミュニケーションがそもそも物理的に可能となる。他方，成果メディアは偶然が支配する無秩序状態から秩序を創り出し（ルーマンはこれを**「複雑性の縮減」**（☞212ページ参照）と呼ぶ），社会についての予測を可能にする。

　成果メディアについては事例を引きながらもう少し具体的に説明しよう。コミュニケーションが何を話題とし何をテーマとするかについては原理的に自由であって，そこに制限はない。だが，そうするとコミュニケーションのテーマはバラバラでまとまりを欠き，予測不可能なものとなってしまう。それではコミュニケーションの最大の課題である連鎖的接続が果たせなくなる。ここでコミュニケーションをテーマごとにまとめる必要が生じるが，これを果たすのが成果メディアである。成果メディアには「真理」「貨幣」「権力」「愛」などがあるが，例えば「貨幣」というメディアはコミュニケーションを「支払うか，支払わないか」という内容のものに限定し，そのことによって社会システム全体から経済システムという下位システムが枝分かれしてくる。また「権力」というメディアはコミュニケーションを「合法か，非合法か」という観点からのものに制限することで，法・政治システムが枝分かれする。このようにして社会システムは複数のサブシステムを生み出し，社会の「複雑性を縮減」するのである。

---

[1] 正確には3つの水準をルーマンは区別しており，しかも著者自身はここでは主題的に取り上げなかった第3水準のメディア，すなわち〈メディア／形式〉の区別が最重要と考えるのだが，入門書である本書ではこの論点については紙幅もあり割愛する。詳しくは大黒（2006）を参照のこと。

第3のコミュニケーション観にあって大切なことは，社会システム——つまりコミュニケーションの接続のされ方——が，伝播メディアの発達や成果メディアの登場によって歴史的に変化するという点である。コミュニケーションは太古の昔から何の変化も無しに現在に続いているのではない。コミュニケーションのあり方はメディアによって変えられ，"進化"してきた。第3の立場が明らかにしたコミュニケーションのこうした歴史性はコミュニケーションとメディアを考える上で極めて重要な認識である。

コミュニケーション観	代表的論者	コミュニケーションの本質	メディアの理解
第1の立場 情報科学的	シャノン＝ウィーバー	情報の転移	情報の「乗り物」 情報を入れる「小包」
第2の立場 行為論的	ハーバーマス	合意へ向けた討議	隠されたものを照らし出す 啓蒙の媒体＝言語
第3の立場 システム論的	ルーマン	連鎖的接続＝持続	伝播メディア…技術的条件 成果メディア…複雑性の縮減

4.2. メディア技術と社会
（1）手段としてのメディアと環境としてのメディア
　本節では，メディアの技術的・内容的という2つの水準のうち技術的な水準を取り上げ，そのコミュニケーションとの関係を考えることにしよう。
　ルーマンが「伝播メディア」と呼んだものを，私たちはこのメディアが技術的な水準のものであることをはっきり示すために「メディア技術」と名付けることにする。さて，ここで思い出してほしいのは，前節の第1の立場である情報科学的なコミュニケーション観もまた，メディアを装置や送信路といった技術的な水準で捉えていたことである。では，第1の情報科学的な立場が考えるメディアと，ルーマンの伝播メディアすなわち私たちの謂うメディア技術は同じものなのだろうか？
　ここで確認する必要があるのは，第1の立場がメディアを，送信者が受信者へと情報を送るための「手段」と捉えていたことである。この場合メディアは，情報の送信という「目的」に従属し，またそれを手段として使

用する「人間」にも従属し，したがってまた社会的なコントロールに服しているという意味で「社会」にも従属している。それに対して私たちが考えるメディア技術は何らかの目的を実現するための「手段」ではない。それは社会がそもそも成立するための条件であり，社会の必須環境である。その意味においては，第1の立場が考えるのとは逆に，「人間」も「社会」も「メディア技術」に従属している。

　例えば，メガネという技術を考えてみよう。メガネはものをはっきり見るという「目的」を果たすための「手段」と普通には考えられている。この場合，こうした技術観は第1の立場に立っており，したがって第1の立場の正当なことを裏付けているように一見思われる。だが，近視や遠視が亢進し，メガネ無しでは生活できなくなった場合はどうだろう？　この場合，メガネという技術は見るための「手段」ではもはやなくなっている。「手段」とはいくつかの選択肢（この例の場合，裸眼か，それともメガネかといった）から選ぶことで初めて成立する概念であるが，メガネ無しでは生活できなくなった場合には，選択の余地はない。つまり，この時メガネは見ることの「条件」「必須環境」となっている。したがって，この場合には，メガネが私たちに従属しているというより，私たちの方がメガネという技術に従属していることになる。

　私たちが謂うメディア技術とは，まさしく上の例におけるメガネに相当する。メディア技術無しにはコミュニケーションはそもそも成立しない。もちろん直接会うか，メールを出すか，電話で話すか，といったメディア技術内部での選択はあり得る。だが，メディア技術そのものを無しで済ますという選択肢はない。その意味において，メディア技術は社会をその根底において規定し，したがって社会は（そしてもちろん人間も）メディア技術に従属しているといってよい。

　私たちは手段としてのメディアと環境としてのメディアをはっきりと区別しなくてはならない。メディア技術が手段として見られる時，その時々の目的に従属する断片的な装置や機械としてそれは現れる。だが，環境としてのメディア技術は，社会を全体として規定し，また場合によっては社

会を——したがってコミュニケーションのあり方を——根本から変動させる。こうした発想に基づいて，社会的な規定因としてのメディア技術という観点から人類史を捉えようとする壮大な試みが，「メディア論」と呼ばれる20世紀半ばに起こったディシプリンである。

(2) イニスのメディア論——空間偏向と時間偏向

メディア論は，1940年代にカナダのトロント大学を発祥の地として始まったが，その創始者は経済学者のH.イニスである。イニスは古代エジプト王国やギリシアのポリス国家から始まって教会を中心とした中世の封建社会を経て，帝国主義時代の列強に至るまでの政治的支配の変遷を，支配に使われたメディア技術の観点から分析した。まずイニスはあらゆるメディアを「知識輸送の技術」と定義した上で「時間偏向」(time-bias)と「空間偏向」(space-bias)という2つの極の間に位置づける。時間偏向とは時間的な持続性に優れるメディアの性質を意味し，他方，空間偏向は空間的な移動性に優れるメディアの性質を指す。例えば石というメディアは空間偏向に比べて時間偏向が著しい。それに対して紙というメディアは逆に空間偏向が時間偏向にまさる。

さらにイニスは，支配にどのようなメディアが使われるかが，その政体の運命を決定づけると考える。例えば時間偏向が顕著な石というメディアを支配に使用した古代エジプトのような国家は，メディアによって運ばれる情報が空間的に限局されるがゆえに限られた範囲に分権的な支配を打ち立てることしかできなかったが，情報の秘匿性のゆえに支配は長続きした，そうイニスは考える。それに対して，空間偏向が著しい紙というメディアを支配の手段としたペルシア帝国のような国家は逆に，支配者の指令を迅速に伝達可能であったがゆえにその版図は瞬く間に拡大したが，情報の拡散性のゆえに支配の箍が緩み短命に終わったとみなすのである。

イニスのこうした考え方は，現在「**技術決定論**」（☞205ページ参照）的であるとして批判も多いが，メディア技術が社会のあり方を根底で規定するというイニスの着想は高く評価されるべきである。

(3) マクルーハンのメディア論——感覚配合比率とメディア史観

　イニスはメディア技術を政治的な支配形態と結びつけたが，イニスの発想を受け継いだ同じトロント大学の同僚で英文学者のM.マクルーハンはメディア技術を人間の感覚と結びつけた。マクルーハンは，人間の視・聴・触・味・嗅の五感からなる人間の感覚は一定の配合比率の下でつねに平衡状態を保っていると考える。視覚を失った人間の聴覚や触覚が研ぎ澄まされることからわかるとおり，ある特定の感覚が欠落して平衡が破れても，他の感覚がそれを補って新たな配合比率が生じ平衡状態は回復される。

　さて，マクルーハンは歴史上，人類の感覚配合比率を大きく組み替える事態が過去に3度生じたと主張する。1度目は（手書き）文字というメディアが現れた時，2度目はグーテンベルクによって活字というメディアが発明された時，そして3度目はテレビに代表される電気メディアが登場した時である。マクルーハンは文字メディアが普及する以前，声というメディアしかなかった時代には，人間の感覚は触覚中心の配合比率だったと考える。文字メディアの段階では，触覚性は感覚の中心を依然占め続けたが，活字の発明に至って事態は劇的に変わる。それまでの触覚中心の配合比率が，視覚中心の配合比率に取って替わられてしまったからである。

　触覚中心の感覚配合とは，自己と他者とを融合させ緊密な共同体を創りだす声メディアの特性をマクルーハンなりに表現したものである。これは例えばコンサートの際などにミュージシャンの声によって会場全体が一体感に包まれる体験を想い出せばよい。一方，視覚中心の感覚配合は人々の共同性を切り崩してバラバラにし，個人をその内面に閉じ込める。人は活字を目で追いながらそこに描かれた光景を心の中に思い泛かべて，それをまるで一幅の絵のように眺める。そこには個々人における内面的な営為しかない。声というメディアはその届く範囲が限られているために，人々は声を発する者を囲んで集まった。だが，読書とは本質的に個人的な営みである。その意味で，声とは共同体のメディアであり，活字とは個人主義のメディアなのである。

　マクルーハンにとってテレビという電気メディアの出現は，声メディア

の復活を意味する。もちろんそれは単なる過去への回帰ではない。テレビという電気メディアは声を技術的に増幅し，それが届く範囲を地球規模へと拡大する。こうして地球上の人々がテレビの声によって繋がれ，地球規模の共同体すなわち「地球村」（global village）が誕生する，そうマクルーハンは考えたのである。

マクルーハン理論の画期性はその「感覚配合比率」説よりもむしろ，主導的なメディア技術の変遷によって人間の感覚変容が惹き起こされるとする「**メディア史観**」（☞212ページ参照）の提唱にある。マクルーハンが定式化した「声→手書き文字→活字→電気」と推移していくメディア技術変遷の構図は，これまたマクルーハンの生み出したキャッチフレーズである「メディアはメッセージである」と並んで現在もメディア論の中心的なテーゼの1つである。

(4) オングのメディア論——大分水嶺理論

オングは，アメリカでマクルーハンに指導を受けたイエズス会神父にして思想史家である。彼はマクルーハンのメディア史観の構図に即しながら実証的なメディア研究を行ったが，その過程で特定のメディア技術に依拠して成立した世界観がそれぞれ閉じたものであり，互いに相容れないものであることを強調するに至った。彼は世界観の形成と維持にあたっての教育の重要性を指摘する。教育とは本来，共同体の正式な成員になるための躾，訓練のプロセスであり，社会化の装置である。そしてその根幹をなすものこそがオングによればメディア教育である。現代の私たちがまずは「読み書き」を教わるのと同じように，古代の子弟たちは英雄伝説や神話の「暗誦」を教わったのであり，中世の学童はまず「討論」の技術を学んだのであって，それによって，それぞれ

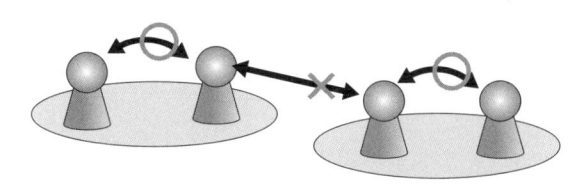

図3　メディアが形成する文化の相互排除性

第4章 メディアとコミュニケーション

のメディアに応じた世界観を形成し強化していった。

マクルーハンがメディアによる感覚の変容を説いたのに対して、オングはメディアの思考様式と心性への影響を強調する。特にオングが重要視したのは声というメディア技術のもとで形成された世界観と文字・活字というメディア技術によって培われた世界観との鋭い対立である。オングによれば、声メディアの世界観、例えばホメロスの『オデュッセイア』や『イリアス』の本当の意味を、私たちが理解することは原理的に不可能である。なぜなら、私たちが身につけてしまった活字メディアの世界観は、声メディアの時代の人々の思考様式や心性とは本質的に相容れないからである。声の文化と文字（活字）文化を相互排除的に対立させるこうしたオングの考え方は「大分水嶺」理論（the Great Divide Theory）として知られている。

マクルーハンが夢見たテレビによる声の共同体、すなわち「地球村」の復活の待望に対しても、オングは悲観的である。なぜなら私たちはすでに活字メディアの世界観にどっぷりと浸かってしまっており、そこから逃れ出て、異なる世界観に移行することは不可能だからである。テレビによる声の文化の復活は所詮、真正の声の文化を模倣しただけの「二次的な声の文化」に過ぎない、そうオングは主張する。

(5) メディアパラダイムとその変遷

さて、マクルーハンやオングに代表されるトロント学派のメディア史観を受け入れるならば、これまで人類は声、手書き文字、活字、そして電気メディアというメディア技術によって創出された4つの世界観を経験してきたことになる。もちろん世界観といっても、それは結局コミュニケーションによって形成され維持されるものである以上、メディア技術と直接的に影響を及ぼし合う関係にあるのはコミュニケーションである。私たちは以後、特定のメディアによって生み出されたコミュニケーションの独自のあり方、そして世界観を「**メディアパラダイム**」（☞213ページ参照）と呼ぶことにしよう。

4.3. マスメディアとコミュニケーション
(1) 声のコミュニケーションと文字のコミュニケーション

　前節までで、①メディア技術がコミュニケーションのあり方を本質的に規定すること（ただし、あらゆることを決定するわけではない）、②メディア技術とそれに対応するコミュニケーションのあり方は1つの閉じたシステムを成しており、それを私たちはメディアパラダイムと呼ぶこと、③メディアパラダイムは、主導的なメディアが移り変わるのに伴って変遷を遂げる歴史性を持つこと、以上の3点を確認できた。本節では、マスメディアという複合的なメディア技術と、それが生み出したマスコミュニケーションという特殊なコミュニケーションとの関係を考えるが、それに先立って再度、メディア技術がコミュニケーションをどのように規定するのか、声と文字（活字）というメディア技術に即しながら具体的に考えてみよう。

　声というメディアが「技術」であるとする捉え方は、一見受け入れがたく感じるかもしれない。もちろん声は私たちが生まれながらに有する生得的な能力である。しかも、声は人間ばかりか他の哺乳類、さらには鳥類や両生類も有している。そう考えると、たしかにこれを「技術」と呼ぶのには抵抗があるだろう。だが、生理的・物理的に声を発することと、声によってコミュニケーションを行うこととはまったく別次元に属することがらである。人類はその歴史の中で口誦詩や雄弁術、討論といった声の技術を発明し、それまで存在しなかったコミュニケーションの形を創造してきた。本章において声をメディア技術だと言う時には、常に声のこうした歴史的側面が問題にされていることを忘れないようにしよう。

　さて、では声というメディア技術は一般にコミュニケーションをどのような形のものにするのだろうか？　声というメディアは実は単に音声で情報を伝達するだけの技術ではない。私たちは声によってコミュニケーションを行うとき、常に音声以外のメディアによっても補足的・補完的な情報を発し、また得ている。話している相手の性別や表情、仕草や態度、そしてコミュニケーションが生じている状況や文脈などを総合的に判断しながら、コミュニケーションの次の一手が選択される。声というメディア技術

においてはコミュニケーションの参加者が1つの「場」を共有し、お互いが直接対面していることによって、発声以前にすでにかなりの情報が先取されている。だからこそ沈黙（すなわち声を発しないこと）ですら声のコミュニケーションにおいて意味を持ち、また状況から先取された情報と食い違う発言が不興を買う（いわゆる「KY」）といった事態も生じるのである。

以上のような意味において、声というメディア技術は話し手のみならず聞き手や傍観者も含めたコミュニケーションの参加者の全身体、いやそれどころか、その場の状況をも巻き込んでゆく一体化のメディア技術、全体化のメディア技術と言える。マクルーハンが声メディアを「触覚中心」と形容したのは、この意味においてである。

それに対して文字メディアはコミュニケーションを、それが生じている場や状況、そしてコミュニケーションの参加者たちから引き剥がす。すなわちテクストという「書かれたもの」が、それを書いた者や書かれた状況から遊離し一人歩きを始めるのである。したがって書き手は読み手の誤解を恐れて、テクストが書かれるに至った経緯や背景をすべてテクストに盛り込もうとし、またあらゆる可能な誤解を想定しつつ、それを前もって防ぐために証拠や事例を列挙し論理を組み立てる。だが、このことで逆にテクストは自己完結的で自己言及的なものとなって完全に書き手の手を離れ自立するに至る。こうして文字メディア技術において「作品」という独自のコミュニケーション形態が成立を見ることになる。

(2)「意図」の察知としてのコミュニケーション

さて、ではマスメディアという複合的メディア技術によって可能となる格別なコミュニケーションであるマスコミュニケーションとはいかなる特性を持つのだろうか？　この問題を考える前に、準備作業としてルーマンのコミュニケーションの定義を改めて検討しておこう。

ルーマンは、すでに述べたようにコミュニケーションの本質を持続的な連鎖に求める。だが、連鎖の要素となるコミュニケーションのひとつひと

つのユニットにおいては，コミュニケーションを「意図」の察知として彼は定義する。つまり，誰かの発言やしぐさに，別の誰かが「意図」を察知した時にコミュニケーションという出来事が生じた，とルーマンは見る。

例えば，Ａさんが「雨だ」とつぶやいたとしよう。それを聞いたＢさんが，それをＡさんの単なる独り言だと理解すれば，そこではコミュニケーションは生じていない。しかし，ＢさんがＡさんのつぶやきを「早く洗濯物を取り込め」という自分への指示，あるいは「明日の遠足は中止かもね」という自分への警告，として理解した時には，すなわちＡさんの発言に「意図」を察知した時には，そこにコミュニケーションが生じている。

情報科学的なコミュニケーション観と行為論的なコミュニケーション観とが，いずれも情報の送り手や発話者の側に視点を取ってコミュニケーションを定義しているのに対して，ルーマンは逆に情報の受け手に視点を取ってコミュニケーションを定義しようとしていることに注意してほしい。

しかし，ここで大切なことは，人と人とが１つの「場」を共有して直接に対面している時には，「意図」の探り合い，勘繰り合いが自然に起こり，お互いに沈黙していても，コミュニケーションという出来事が生じてしまっているということである。直接対面的なコミュニケーションにあっては「意図」の察知は極めて容易なのである。

(3) マスメディアとコミュニケーション

さて，ルーマンはマスメディアについてのシステム論的な考察を展開した『マスメディアの現実』においてマスコミュニケーションを「直接対面的コミュニケーションが不在であるコミュニケーション」と定義している。新聞を例に取って考えてみよう。私たちが新聞を読む時，また記者が記事原稿を執筆している時，たしかに両者の間には直接対面的なコミュニケーションは生じていない。私たちは電車に揺られながら，あるいは駅のベンチに座って，一人で紙面の記事を読み，一方，記者は支局のデスクでパソコンに向かって孤独に黙々と作業を進めている。だが，第三者的に見る時，実際には新聞の読者と記者との間では，時差と空間的な隔たりを伴いつつ

も，またデスクや編集者や校閲者が介入しつつも，コミュニケーションという出来事が間違いなく生じている。ところがマスメディアというシステムは，実際には生じているこうしたコミュニケーションをわれわれの目から隠し，不可視化してしまう。ルーマンが「直接的コミュニケーションの不在」という言葉で指摘するのは，マスメディアが本質的に有するこのようなコミュニケーションの隠蔽作用に他ならない。

> **エクササイズ１：**
> テレビやラジオにおいても、ルーマンのいう「直接対面的コミュニケーションの不在」は成り立っている。テレビやラジオにおける具体例を挙げてみよう。

「直接対面的コミュニケーションの不在」というルーマンによるマスコミュニケーションの特性描写は，マスメディアがコミュニケーションを構造的に隠蔽することを指摘し得ている点において優れたものではあるが，しかし他方で，その定義は「不在」というネガティブな形の性格付けでしかないという欠点もある。私たちはより積極的な形でマスメディアのコミュニケーションを特徴付ける定義を求めなければならない。

(4)「放-送」というコミュニケーション

ここでもまた新聞を例に取って考えよう。新聞というメディア技術にあっては，まず全国各地の支局に散開している記者たちが取材や調査によって現場の情報を集め，それが中央の本社でまとめられて一定の方針の下に記事として編集される。そして最終的に新聞の形で全国各地に配達されることになるわけだが，この場合重要なのは，①情報の収集における一極集中，②加工における一元的管理，③頒布における中心から周縁への同報一斉送信，の３点である。

まず，あらゆる情報は周縁部から中央に集められ，次に一定のコードに則りつつそれが編集加工されて，最後に中央から周縁部へと一挙に配信さ

れることになる。これを図示すれば，1つの頂点と下方の円周部の間で往復する複数の点（＝情報）の運動が描き出す円錐としてイメージできる。このようなコミュニケーション形態は新聞だけでなく，ラジオやテレビにおいても見られるし，収集される情報を広く解してそこに「欲望」も含めるなら映画においてもまた，こうしたコミュニケーショ

図4　「放-送」broad-cast

ンは認められる。マスメディア技術によって可能となる"情報"の一極集中と一斉放散を特徴とするマスメディアに固有のこうしたコミュニケーションのあり方を，私たちは「放-送」（broad-cast）と名付けることにしよう。

　「放送」という言葉は，テレビやラジオにおけるコミュニケーションのあり方を特に指して使われるのが普通だが，本章ではそれを一般化してテレビやラジオのみならず，映画や新聞も含めたマスメディアにおいて共通に認められるコミュニケーション形態を示すものとして，特に「-」（スラッシュ）を入れることで，「放送」とは区別して「放-送」の語を以後用いる。

(5) マスメディアパラダイム

　こうしてマスメディアとは，マスメディア技術とそれが可能にしたコミュニケーションの形である「放-送」によって構成される1つのメディアパラダイムであることが明らかとなった。私たちはこのメディアパラダイムを「マスメディアパラダイム」と呼ぶことにしよう。マスメディアパラダイムを成り立たせている具体的メディア技術は，すでに触れたとおり新聞・映画・ラジオ・テレビの4つである。この4つのメディア技術は，それぞれ固有の特性を持つが「放-送」という共通のコミュニケーション形態を可能とする点で，同一のメディアパラダイムに属する。

　では，マスメディアパラダイムはいつ成立を見たのだろうか？　映画と

いうメディア技術の誕生はリュミエール兄弟がシネマトグラフを，またエジソンがキネトスコープを発明した19世紀末であるが，大量に大衆を動員する「大劇場」，広範にフィルムを頒布する「配給システム」，間断なくバラエティーに富んだ作品を提供する「プログラム・ピクチャー」体制を整えることで，映画が名実共に「放-送」というコミュニケーション形態を実現するのは1920年代に入ってからのことである。ラジオの場合，1930年代には各国で「放-送」体制が整い，それまでパラダイムの主導権を握っていた映画の地位を脅かすまでになった。また，テレビがラジオの地位を襲ってマスメディアパラダイムの主導権を握るのは戦後になってからのことである。したがって映画→ラジオ→テレビの順でマスメディアパラダイムにおけるメディア技術の主導的地位は変遷してゆくのだが，問題は新聞というメディア技術の扱いである。

　新聞というメディア技術は，16世紀にヨーロッパの諸都市で始まった政治的・経済的な情報を契約者に配信するサービスである「ニューズレター」にまでその起源を遡ることができる。だが，実際に大規模な「放-送」形態を新聞メディアが確立するのは，電信というメディア技術によって記事となる情報の収集と送受信が迅速に行われ，蒸気を使った自動印刷機によって大量印刷が可能となり，また交通網の整備によって市場と販路が拡大し，そして写真印刷を安価に実現する網版印刷（ハーフトーン）が実用化される，という4つの条件が揃った20世紀初頭のことなのである。つまり，新聞も含めて，マスメディアパラダイムとは20世紀に入ってようやく成立を見た，たかだか100年あまりの歴史しか持たないメディアパラダイムに過ぎない。そして，このマスメディアパラダイムは，インターネットという新しいメディア技術によって現在その地位を脅かされているのである。

4.4. マスメディアパラダイムから　　　ネットワークメディアパラダイムへ

（1）インターネットの登場とその覇権

　マスメディアパラダイムは，実質的には20世紀いっぱいにかけて栄華

を誇ったメディアパラダイムである。その主導権は，新聞から映画，ラジオそしてテレビへと移っていったが，パラダイムの本質である「放‐送」というコミュニケーション形態は，主導的なメディア技術が交替しても変わることはなかった。だが，ここにきて従来のコミュニケーション形態を変容させる事態が生じている。こうした事態の引き金となったのは，インターネットという新たなメディア技術の登場と普及である。最終節では，このインターネットというメディア技術がいかなるコミュニケーションを成立させつつあるのかを考察することにしよう。

インターネットというメディア技術はいくつかの段階を経て発展してきている。当初は冷戦下にアメリカで構想された，敵から攻撃を受けても通信網を維持できる柔軟で強靭な軍事ネットワークである ARPANET として始まったインターネットは，冷戦の終結とともに全米の研究機関を結ぶ学術ネットワークである NREN へと衣替えし，さらに商用へと拡大されるに至った。だが，インターネットが現在見られるようなグローバルメディアへと発展を遂げたのには，こうした政策的な理由とはまた別の要因が介在している。

インターネットは基本的にコンピュータのネットワークであるが，ARPANET や NREN の段階ではコンピュータは扱いや操作が面倒で一般の使用には向かず，また個人が利用するにはあまりにも高価であった。こうした状況を徐々に変えていったのが，1984 年のアップルコンピュータによるマッキントッシュの発表，1995 年のマイクロソフトによるウィンドウズ 95 の発売，そして 2000 年の NTT ドコモによる i-mode サービスの開始であった。マッキントッシュは中央集権型の巨大コンピュータであるメインフレーム中心であったそれまでのコンピュータの勢力地図をパーソナルコンピュータ中心のものに塗り替える転機となった。また，ウィンドウズ 95 の発売によって"ユーザーフレンドリー"な GUI（graphic user interface）のパソコンが安価に手に入るようになったことでパソコンの世界規模での普及が進んだ。こうしたパソコンの急速な普及が，そのネットワーク化すなわちインターネットのメディアとしての地位を確かな

ものとした。さらに i-mode によってインターネットへアクセスするノードの主流はパソコンからモバイルにシフトし，またブロードバンド回線の整備と多種多様なサービスの提供によって新世紀のインターネットは Web 2.0 と呼ばれる新たな段階を迎えるに至っている。

(2)「ネット-ワーク」というコミュニケーション

　こうして，ハードウェア，ソフトウェアそして社会インフラという3つの技術的要因が嚙み合い融合することでインターネットというメディア技術が成立したわけだが，ここで注意を要するのは，インターネットはマスメディアではない，という点である。

　私たちは，第2節においてメディアパラダイムという概念を導入することで，特定の主導的なメディア技術が固有のコミュニケーションのあり方を成立させ，それが閉じたシステムを形成すること，また，このメディアパラダイムは主導的メディア技術の交替に伴ってパラダイムチェンジを遂げ，歴史的に変遷すること，を見た。そして第3節では19世紀から20世紀にかけて成立を見，前世紀いっぱいに亘って存続したマスメディアパラダイムについて，その土台となるメディア技術とその基礎の上に成立した「放-送」というコミュニケーション形態を考察したのだった。

　さて，私たちが本節で検討しているインターネットというメディア技術は往々にしてマスメディア技術の1つに数え入れられる。たしかに新聞記事はインターネット上にアップされているし，ネット広告や，番組連動ホームページも存在する。したがって，インターネットが「放-送」というコミュニケーションに利用されることがあるのは事実である。にもかかわらずインターネットは「放-送」というコミュニケーションとは本質的に無縁である。インターネットは「放-送」とは異なる独自のコミュニケーションを成立させる。私たちはインターネットに固有のコミュニケーション形態を「ネット-ワーク」(net-work) と名付けることにしよう。さて，ではインターネットが可能にする「ネット-ワーク」とはいかなるコミュニケーションなのだろうか？「放-送」と対比させながら考えていこう。

まず「放-送」というコミュニケーションにおいては，送信にもっぱら携わる特権的な情報の送り手と，情報を受信するだけの受け手とがはっきりと分かれていたのに対して，「ネット-ワーク」では送り手が受け手となり，その受け手が今度は逆に送り手となりながら，コミュニケーションの連鎖が続いてゆく。ここではマスメディアのような情報の送信者と受信者との役割分化が認められない。「ネット-ワーク」コミュニケーションが持つこうした特性が，マーケティング分野では「プロシューマー」（*producer* + *consumer*）と呼ばれ，メディア論では「双方向性」と呼ばれる。つまり，「放-送」が，上位の頂点に位置して情報を一斉同報送信するプロフェッショナルと，情報をもっぱら受け取るだけの不特定多数の受信者である「大衆」との間での三次元的で垂直的な情報の往復運動という形を取ったのに対して，「ネット-ワーク」は，資格的に同位同格の個人が情報フローを介して次々に連鎖し接続されてゆくことで形作られる二次元的で水平的なコミュニケーションのあり方を基本としている。

　次に，「2ちゃんねる」に代表される巨大BBSを例に取ろう。あるスレッドでの書き込みに対してレスポンスが続いている間は，そのスレッドは"生きて"いるが，レスポンスが途切れた時にはそのスレッドは"沈ん"でゆき，ついには消滅する。つまり「ネット-ワーク」というコミュニケーションにとっては持続することこそが重要なのである。「放-送」が円錐形に区画されたそれ自体で完結した閉鎖領域を作り出し，また頂点部分と円周部分の間での情報の往復運動はあるにしてもそのルートが固定されている点で，静的であったのに対し，「ネット-ワーク」は，その連鎖と接続とが無際限であることによって常に動的でダイナミックな運動の相にある。この運動が停止した時「ネット-ワーク」もまた終わるのである。

　さらに重要なことは，インターネットのコミュニケーションにおいては誰が優位で誰が劣位といった権力関係が成り立たない点である。プロがテクニックを駆使して撮影した作品も，素人が趣味で撮った映像も「YouTube」や「ニコニコ動画」といった動画サイトでは全く同じ扱いを受けることになる。「放-送」は特権的な1つの中心と，複製情報を受け取

るだけの均質な「大衆」を作り出すことで,「一極中心」の秩序立ったヒエラルキー的な社会を結果として成立させた。これに対して「ネット-ワーク」は,全体を束ねる"一極"が不在である,という意味では「無・中心」(center-less),また観方を変えて,個々人がそれぞれ1つの"中心"をなしているという意味では「多・中心」(multi-centric) 的なコミュニケーションである。さらに,この多数の"中心"はそれぞれが異質であって,またそれぞれの"中心"が権利的に同格である。すなわち,それぞれの"中心"がその数だけ存在する〈私〉を互いに主張し合うことになる。こうして,「ネット-ワーク」コミュニケーションは複数の世界観が自らを主張し合う相対主義的な社会を創り出してゆく。

　様々なSNSのサービスにおいても,「2ちゃんねる」や「mixi」では,まだ少数のオピニオン・リーダーがもっぱら意見を書き込み,それ以外のメンバーは彼らの意見に同調するか,傍観しているだけといったマスメディアの「放-送」に似たコミュニケーション形態がしばしば見られたが,「Facebook」や「Twitter」では,サービスを利用する各人がほぼ完全に同位同格の中心となって,それぞれコミュニケーションを行う状況が現実のものとなっている。

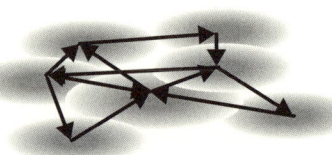

図5　ネット-ワーク

　以上を視覚化すれば,二次元的・平面的に情報フローが蜘蛛の巣(web)状に広がり,またそれぞれのノードを中心とした小円同士が拮抗し合う上図のようなイメージとなる。

　以上の考察から,私たちはインターネットという新しいメディア技術が「ネット-ワーク」という従来にない独自のコミュニケーションのあり方を成立させつつあること,したがってインターネットは「放-送」というコミュニケーション形態を特徴とするマスメディアとは根本的に異質であることを確認できた。とすれば,テレビに代わってインターネットというメディア技術が台頭している現在,従来のメディアパラダイムであるマスメ

ディアパラダイムは終焉を迎えつつあり，インターネットを基礎とする新たなメディアパラダイムが出現しつつあることになる。現在もまだパラダイムチェンジは進行中だが，21世紀がネットワークメディアパラダイムの時代になることはほぼ確実と言ってよいだろう。

> **エクササイズ２：**
> 「ネット-ワーク」は、第１節で挙げた３つのコミュニケーション観のうちどれに最も近いだろうか？ 「YouTube」「ニコニコ動画」「２ちゃんねる」「mixi」「Twitter」「Facebook」など具体例に即して考えてみよう。

◆参考文献

イニス，H.（1951）/久保秀幹（訳）（1987）『メディアの文明史——コミュニケーションの傾向性とその循環』新曜社（Innis, H. A. *The bias of communication.* University of Toronto Press）

大黒岳彦（2006）『〈メディア〉の哲学——ルーマン社会システム論の射程と限界』NTT出版

大黒岳彦（2010）『「情報社会」とは何か？——〈メディア〉論への前哨』NTT出版

オング，W. J.（1982）/桜井直文ほか（訳）（1991）『声の文化と文字の文化』藤原書店（Ong, W. J. *Orality and literacy: The technologizing of the word.* London: Routledge）

シャノン，C. E. & ウィーバー，W.（1949）/植松友彦（訳）（2009）『通信の数学的理論』ちくま学芸文庫（Shannon, C., & Weaver, W. *The mathematical theory of communication.* The University of Illinois Press）

ハーバーマス，J.（1981）/藤沢賢一郎ほか（訳）（1985〜7）『コミュニケイション的行為の理論』（上・中・下）未來社（Habermas, J. *Theorie des kommunikativen Handelns.* Frankfurt: Suhrkamp）

マクルーハン，H. M.（1962）/森常治（訳）（1986）『グーテンベルクの銀河系——活字人間の形成』みすず書房（McLuhan, H. M. *The Gutenberg galaxy: the making of typographic man.* London: Routledge & Kegan Paul）

マクルーハン，H. M.（1964）/栗原裕・河本仲聖（訳）（1987）『メディア論——人間の拡張の諸相』みすず書房（McLuhan, H. M. *Understanding media: the extensions of man.* NY: McGraw-Hill）

ルーマン，N.（1984）／佐藤勉ほか（訳）（1993）『社会システム理論』（上・下）恒星社厚生閣（Luhmann, N. *Soziale systeme: Grundriß einer allgemeinen theorie.* Frunkfurt: Suhrkamp）

ルーマン，N.（1995）／林香里（訳）（2005）『マスメディアのリアリティ』（Luhmann, N. *Die Realität der Massenmedien.* Opladen: Westdeutscher Verlag）

ルーマン，N.（1997）／馬場靖夫ほか（訳）（2009）『社会の社会』（1・2）法政大学出版（Luhmann, N. *Die Gesellschaft der Gesellschaft.* Frankfurt: Suhrkamp）

第2部

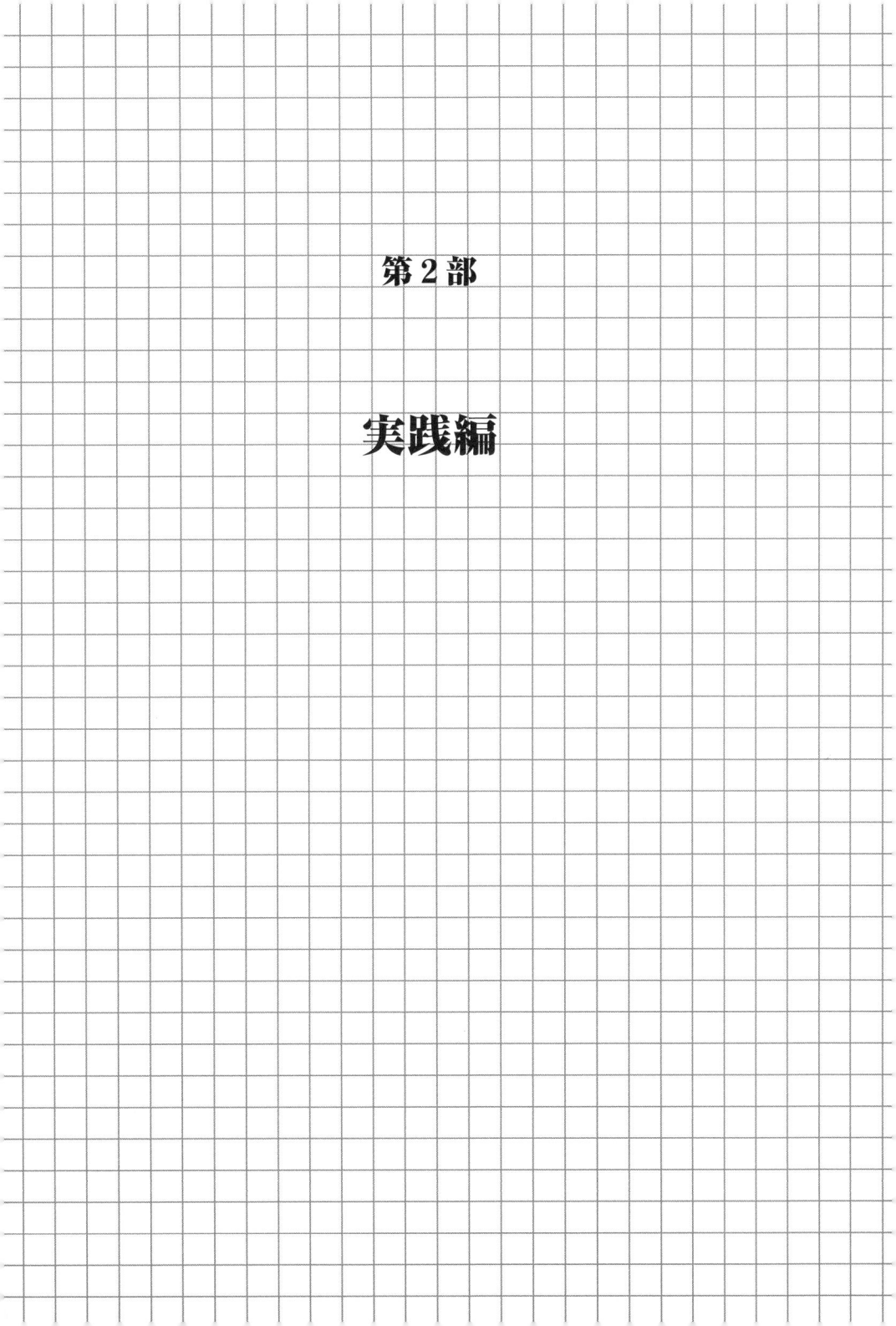

実践編

第5章
組織コミュニケーション・コンピテンス：
組織とメンバーの高パフォーマンスを導く能力

山口生史

> ➡ あなたの所属する組織（職場，クラス，ゼミナール，部活，ボランティア組織など）で，コミュニケーションは，どのような役割を果たしているだろうか？　コミュニケーション・スキルに優れている人のコミュニケーションはどのようなものだろうか？
>
> ➡ あなたの所属する組織で，意見の対立（コンフリクト）が起こった時，あなたやリーダーはどのように対応しているだろうか？　コミュニケーションは，コンフリクトの原因だろうか，それともコンフリクト対処の有効な手段となるだろうか？
>
> ➡ あなたの所属しているチームやグループのリーダーは，メンバーが意見を述べることを促す努力をしているだろうか？　あるいは，自分で決めたり，自分から案を出して，それを指示することが多いだろうか？

5.1. 組織コミュニケーションとコンピテンス

　組織コミュニケーション学とは，目的を持った複数の人々（メンバー・成員）で構成された集団（組織）内あるいは組織間（この章では組織内に限定する）の，コミュニケーションの役割や機能を研究する学問である。具体的には，組織内であれば，メンバー間の相互作用や協働を適切に促すリーダーシップのコミュニケーション，チームの活動を促すコミュニケーション，メンバー間の情報交換，組織内の情報の流れ方などを研究する。

研究対象の組織は，企業，学校，病院，自治体組織，行政組織，NPO・NGO法人，ボランティア組織，福祉施設（老人介護施設など），スポーツチーム（そのサポーターグループも）など様々である。これらの組織の目標（例えば，プロ野球チームが優勝することなど）を達成するために，コミュニケーションがどのような役割を果たしているのか，もしコミュニケーションに問題があれば，組織にどのような影響があるのかなどを研究するのである。

一方，コンピテンスとは，スキルや能力などの意味で用いられることが多い。本章では，組織とメンバーの高いパフォーマンス（職務遂行の成果や業績）を導く能力としての組織コミュニケーションの適切なスキル・能力に関して，事例を紹介しながら，解説していくことにする。

5.2. 組織コミュニケーション・コンピテンスの定義と分類

永井（2009）によると，組織論や経営学におけるコンピテンス（competence）は，英国やオーストラリアなどでは，職務に関連した知識や技能などに関するスキル（job related skill）とほぼ同義であるが，北米では，それをコンピテンシー（competencies）と言うことが多く，トレーニングやキャリアにおける指標という意味合いが含まれるという。日本での組織経営・運営においては，北米と同様の意味で，コンピテンシーという用語が使われる。一方，コミュニケーション学では，一般に，そのスキルや能力を指してコンピテンスと表現する。「組織コミュニケーション」を論じる時，「コミュニケーション学」と「組織論に基づく組織運営・経営学」は，分離できない分野であり，本章ではコンピテンスとコンピテンシーの両語を同義で使い，前者の分野に言及する時と後者の分野に言及する時で，適宜，使い分けることにする。

「組織コミュニケーション・コンピテンス」の定義に関しては，ペイン（Payne, 2005）が，組織というコンテクストの中で，適切で効果的であると認識されるメッセージを利用して，相互作用する人々が目的を果たすためのコミュニケーションの判断力であると述べている。そして，組織内の

コミュニケーション・コンピテンスは，組織とコミュニケーションに関する知識，熟練した行動，的確に職務遂行しようとする動機を含むものととらえられている。

近年の組織コミュニケーション・コンピテンス研究は3つの分析レベル（個人，グループ，組織）と2つの概念的関心（行動／スキル研究と認知研究）を組み合わせて，以下の6つのカテゴリーに分類されている（Jablin & Sias, 2001）：

①個人レベルの行動・スキル研究——傾聴，フィードバック，説得，指示，感情移入（相手の視点に立つことのできるスキル），自己開示（自己の情報をどれだけ，またどのように伝えるかのスキル），記号化（考えていることを言葉などにして発信する）・記号解読（相手のメッセージを解釈・理解する），など

②グループレベルの行動・スキル研究——グループ内コミュニケーション・ネットワークの構築・発展，グループサポートシステムの確立，グループコミュニケーションのファシリテーション（促進・促すこと），コンフリクト・マネジメント（対立の対処），など

③組織レベルの行動・スキル研究——組織PR，組織間ネットワーク，広報活動，など

④個人レベルの認知研究——差異を認める能力，釣り合いの取れた視点を持てること，自己モニタリング，など

⑤グループレベルの認知研究——共有されている信念や文化の理解，など

⑥組織レベルの認知研究——組織ルーチン，手続き，ポリシー，価値観の中に埋め込まれている知識，組織メンバーの集合的知識，など

本章で取り上げる組織コミュニケーション・コンピテンスは下の囲み内の2つである。①と②を上記の研究分類にあてはめると，「コンフリクトに対処するコミュニケーション・コンピテンス」も「ファシリテーションとコーチングのコミュニケーション」も，ともにグループレベルの行動・スキルのカテゴリーに含まれる。

> **＜本章で取り上げる組織コミュニケーション・コンピテンス＞**
> ①コンフリクトに対処するコミュニケーション・コンピテンス
> ②チームリーダーのコミュニケーション・コンピテンス：ファシリテーションとコーチングのコミュニケーション

5.3. 組織コミュニケーション・コンピテンスの効果

　日本の組織におけるコンピテンシーという概念に関しては，1990年代後半から企業の人事部門で，1つの指標として活用されるようになった（高橋，2009）。高橋によると，コンピテンシーとは，行動として顕在化するもので，好業績や職務遂行能力に関係する概念であるという。そして，ビジネスの世界では，「職務遂行能力」を評価できる指標としてコンピテンシーが利用されていると述べている。コンピテンシーを点数化する測定方法も数多く利用されており（詳しくは，二村（2009）を参照），人事評価の有効な手段として活用されている。

　日本では，企業におけるコンピテンシー研究や教育は活発であるが，組織コミュニケーション・コンピテンスに関しては，ほとんど注目されてこなかった。しかし，職務遂行能力をはじめとする様々なコンピテンシー関連概念は，すべてコミュニケーションによって促され，発揮され，活かされ，機能する。優れたコミュニケーション・コンピテンスなしには，職務遂行能力などは，有効に発揮されえないであろう。したがって，組織コミュニケーション・コンピテンスは，組織および組織メンバーの発展・成長，学習，変革，業績向上，問題解決に大きな効果をもたらす能力あるいはスキルなのである。組織コミュニケーション・コンピテンスが，組織メンバーや組織にどのような効果を与えるかに関して，近年の研究をいくつか紹介しよう。

　健康管理企業の情報技術部門で働く1,329名の技術系および事務系の従業員を対象に行った調査（Payne, 2005）では，以下のことが発見された：高い業績をあげた従業員ほど，コミュニケーションを相手に適応させよう

という動機づけが強い；感情移入の能力が高い；会話において相手に興味や注目を示し，メッセージを相手に合わせることのできる適応性（adaptability）に優れている；会話の順序，開始・終わりのタイミングの取り方がうまく，トピックに適切に対処できる相互作用管理（interaction management）のスキルに長けている。また，ウェブサイトの定期購読者から得た564名のデータを分析した調査（Henderson, 2008）では，プロジェクトマネージャーの記号化と記号解読のコンピテンシーは，チームメンバーの満足度と生産性を上げる要因になっていた。

＜事例1：記号化と記号解読のコミュニケーション・コンピテンス＞

　組織内のコミュニケーションにおいて，記号化と記号解読のコンピテンスがうまくいっていない例を，実際の発言から拾ってみよう。以下に2つの発言を紹介する。(A)は筆者が2007年に行った某老人介護施設の施設長とのインタビューである。現場のケア・ワーカーが直面する問題を吸い上げることの重要性についてたずねた部分である。(B)は，筆者が2010年に行った某法人組織の従業員とのインタビューである。両者とも，記号化と記号解読のコンピテンス不足のため，共通理解・問題共有が難しくなりこれが職務遂行を阻害する要因となっていることがわかる。

(A)

山口　ときとして職にかかわる，直接かかわるケアー・ワーカーの人のほうがリーダーの方たちよりも情報が多いと思うんです。そういう情報というのはやっぱり引き上げる工夫はされていますか？

施設長　そばにいる者が一番利用者の状態について直感的にわかるようになりますね。安定しているときは任せておけばいいんですよ。ただ問題が生じたときに，ちゃんと言語化できて，伝えられなければいけないです，リーダーに支援を求めるとか。

山口　それはミーティングが中心ですね。

施設長　そうでしょうね。ただ，言語化するのが弱いんですよ，現場は。なんか変なんだとか。特に医療職とのせめぎ合いではすごく弱いですね。説明できない。

(B)

Xさん　…いろいろな人がいて，いろいろな人それぞれにパターンがあって，そのなかでやりやすいプラスのコミュニケーションとそうでないコミュニケーションってあるのです。それで，そういったことのなかで私はどのようなことが苦手だとかやりにくいかと言ったら，一つはやはり，問題意識を共有できないときはつらいです。問題意識が共有できないとか，同じ土俵で話し合えていない。言葉が違うというか。こういうときが，非常につらいです。言ったことが伝わっていない。表面的には伝わっているような感じだけれども，後で別れてから，また電話やメールで来ると，同じことを繰り返されちゃったり。何だったのだろうこれは，という感じで。そういった意味での共通用語というか，やはり住んでいるところが違う，今までの経歴も違う，性格も違うというなかで，ミスマッチが起きているときのコミュニケーションというのは，なかなかつらいです。

> **エクササイズ1：**
> コミュニケーション・コンピテンスに関連する情報が含まれている部分を事例1からみつけて，どのような問題かを考えよう。

5.4. コンフリクトに対処するコミュニケーション・コンピテンス
(1) コンフリクト・マネジメント
　コンフリクトとは，2人以上の対人間あるいは2グループ間に生じる対立や摩擦である（Martin, 1998）。考え方や価値観の相違，そして，コミュニケーションおよび相互作用・相互理解の失敗などにより生じる。組織においては，プロジェクトの計画立案や予算の編成など様々な日常の意思決

定をめぐって，意見の食い違いが起こっている状態である。放っておけば，あるいは，適切な対処にしくじれば，禍根を残すことになり，その問題解決はおろか，その組織やチームの今後の様々な意思決定や行動に悪影響を与えることは必定である。ならば，コンフリクトを起こさなければ，すむのだろうか？　コンフリクトが起こることを極力避ける努力を組織やチームのリーダーは考えるべきであろうか？

　その答えは，「否」である。確かに，1940年代前半くらいまでは，コンフリクトは回避すべきものと考えられてきた。しかし，その後，人間が欲求を持ち，それぞれが自己の主張を持つのが当然であるから，組織内で人々が相互作用する限りコンフリクトは避けられないものだという考え方が1970年代半ばくらいまでの主流の視点となった。さらに，近年は，コンフリクトは起こる方が，かえって有効なのではないかと考えられている。避けられないものであるなら，それに適切に対処しなくてはならないし，適切な処理によって有効になるのであれば，ときどき発生させることも必要ではないかという考えである。適切なコンフリクト対処の方策を，コンフリクト・マネジメントと呼ぶ。だから，コンフリクト・マネジメントという概念の根底には，コンフリクトが，適切に処理されるなら，組織やチーム（あるいは個人にも）に大きな利益をもたらすという考えがある。「利益」とは，個人学習・組織学習，組織変革，有効な問題解決などである。現在のように，組織を取り巻く環境が流動的な時代には，組織は常に学習し，変革し続けなければならない。変革が遅れ，とりまく環境に対応しきれない組織の多くは，存続が難しくなるだろう。

(2) コンフリクトとコミュニケーションの関係

　組織やチームのコンフリクトにうまく対処する能力を，コンフリクト・コンピテンシー・スキルとかコンフリクト・コンピテンスとランデとフラナガン（Runde & Flanagan, 2007）は，呼んでいる。そして，彼らは，コンフリクトの生成・変化・発展のパターンの理解，コンフリクトに対する自分自身の反応の理解，コンフリクトに対する建設的反応の促進，コンフ

リクト・コンピテント組織を創るなどの能力やスキルに優れている人が、コンフリクト・コンピテント・リーダーだと述べている。このうち、特に「コンフリクトに対する建設的反応の促進」にコミュニケーション・コンピテンスが必要であろう。したがってコンフリクト・コンピテント・リーダーの条件の1つは、組織コミュニケーション・コンピテンスが高いことである。

　コンフリクトとコミュニケーションの関係に関しては、以下の4つの考え方に基づいて研究が行われてきたと言われている（Putnam, 2006）：

＜コンフリクト・コミュニケーション研究の4視点＞

①コミュニケーションをコンフリクトの結果に直接影響を与える要因、あるいは、文化や性別や個人の志向などとコンフリクト・マネジメントとの関係に影響を与えたり、媒介したりする「影響力としてのコミュニケーション」。

②コミュニケーションが、相互作用の進展・展開を通じて、コンフリクトの性質そのものを形成すると考える「プロセスとしてのコミュニケーション」。

③コミュニケーションとコンフリクトの関係を構成的と考え、コミュニケーションが、コンフリクトそのものという考え方で、コミュニケーションがコンフリクトの本質をなし、コンフリクトは、コミュニケーションの要素（言語や意味など）を形成するという視点。

④相互間の対立として、コンフリクトとコミュニケーションの継続的接点から発展する敵対的緊張という視点。

　また、手段・道具的視点, 発展的視点, 政治的視点という分類もある（Pool & Garner, 2006）。手段・道具的視点はパットナムの①に、発展的視点は②に近い。政治的視点は④に近く、特に職場のパワー（権力）関係の闘争としてコンフリクトを見なす視点である。本節では、パットナムの①とプールとガーナーの手段・道具的視点からコンフリクト・コミュニケーション・

コンピテンスを考える。

　パットナム（2006）はさらに，コミュニケーションとコンフリクトの研究に関する以下の3つのモデルを提示している：

＜コンフリクト研究の3モデル＞
①戦略・戦術のコミュニケーション研究——団体交渉に見られるような，統合的および分配的交渉に基づく研究。
②コンフリクト・マネジメントスタイル研究——コンフリクトに対処するスタイルの研究。
③仲介者のコミュニケーション・スキル研究——第三者が介入して，コンフリクトへの対処を助け，十分な討論などをとおして，当事者を導くコミュニケーション・スキル研究。

　コミュニケーション関係専門誌に掲載されたこれまでの論文を精査した研究（Nicotera & Dorsey, 2006）によると，コンフリクト研究ではコンフリクトの構成的特徴とコンフリクト・マネジメントを強調する研究が多いという。また，大半のリサーチが，コンフリクト・マネジメントスタイルのアプローチをとり，上司-部下間の関係を調査していることも指摘されている。この状況が肯定的にとらえているわけではなく，またコミュニケーション視点の不足も指摘されてはいるが，現在の傾向として，本節では，上記②のコンフリクト・マネジメントスタイル研究にコミュニケーション・コンピテンスを適応させて，考察を進める。

(3) コンフリクト・コミュニケーション・コンピテンス
　コンフリクト・マネジメントスタイルの基本モデルは，ブレークとムートン（Blake & Mouton, 1964）やトーマス（Thomas, 1976）の古典的モデルである。彼らの5つの対処法はコミュニケーション行動に他ならない。以下にトーマスの5分類を提示する：

＜コンフリクト・マネジメントの５つのスタイル＞
①共同的・統合——当事者同士やグループがともに満足・納得できるwin-winの解決策を探る議論や交渉。
②順応的・譲歩——自分や自グループの満足よりも相手の満足を優先して相手に譲ることも含めて，相手に合わせる対処法。
③競争的・支配——相手を負かし，相手に妥協させようとする対処法。
④回避的・無視——最初から相手を認めず，接触・コミュニケーションを避けて，解決しようとしないスタイル。
⑤共有的・妥協——両者が同程度ずつ歩み寄り，お互いにある程度の満足で妥協し合う対処法。

　バーク（Burke, 1970）はブレークとムートンの５つの対処法の有効性について，米国人を対象として調査した。その結果，安定して効果的であった対処法は，「共同的・統合」スタイルと同義である「直面（confrontation）スタイル」であった。直面スタイルは，win-winの（両者が満足できる）解決が可能で，問題について情報交換し，両方にとって最善の解決法に至るように相違に対して取り組むスタイルである。したがって，少なくとも米国では，コンフリクト・マネジメントに優れたリーダーは，当事者同士やグループがともに満足・納得できるwin-winの解決策を探る議論や交渉のコミュニケーション・コンピテンスに優れたコンフリクト・コンピテント・リーダーということになろう。
　より近年の，そしてよりコミュニケーションに関連するモデルを紹介しよう。組織内に限定していないが，全般的な対人間のコンフリクト・マネジメントにおけるメッセージの生成に関するコミュニケーション戦略として，キャナリー（Canary, 2003：530-531）が，「直接―間接」と「協力的―競争的」の２軸の組み合わせから４つのモデルを提示した。以下にその分類の説明を抜粋し，簡潔に要約する：

<コンフリクト・コミュニケーション>
①直接―協力的コミュニケーション――問題に対処しようとする積極的意思や他者への積極的関心を示し，相手が態度を表わすことをやんわりと求めたり，自己の不同意発言や否定的態度を優しく開示するなど。
②間接―協力的コミュニケーション――自己の責任を最小限にする戦術で，コンフリクトが存在していないことを正当化する，問題ないとそれとなく言う，そのコンフリクトに対してあまり話したくないとやんわりと伝える，関係ない質問をする，友好的なジョークを言うなど。
③直接―競争的コミュニケーション――相手の行為，考えなどを非難する，相手が行動を変えるように命令する，敵意ある質問をする，辛辣な言葉でけなすなど。
④間接―競争的コミュニケーション――責任のがれや曖昧な発言をする，議事妨害をする，議論の方向を変えようとする。否定的態度，優越性，横柄さを表す発言をする，話をそらすなど。

　組織コミュニケーション・コンピテンスの高い人は，状況に応じた適切なコミュニケーション行動を選択できるべきだが，直接―協力的コミュニケーションを使えるリーダーは，おしなべて高組織コミュニケーション・コンピテント・リーダーになる可能性が高い。
　より実践的な視点から，ランデとフラナガン（2008）は，コンフリクト・コンピテント・チームを創るための建設的コミュニケーションを提示した：
　①深く考えることと判断を遅らせること
　②理解するためによく聞くこと
　③相手の立場に立つこと
　④感情を表現すること
相手の立場に立つことや感情をうまく表現することは，他者に対するサポートや協力的配慮を示したり，相手が態度を表すようにやんわり求めることにより情報を共有しようとするので，「直接―協力的」なコミュニケーションには必須のスキルである。相手や状況についてよく理解するために

相手のことを聴き，拙速に判断せず，よく考えることは，当事者同士やグループがともに満足・納得できる win-win の解決策を探る議論や交渉（共同的・統合・直面）のために必要である。また，ランデとフラナガン（2010）は，コンフリクト対処においては，レイナとレイナ（Reina & Reina, 2006）の**コミュニケーション信頼**（☞206ページ参照）の重要性も強調している。

＜事例2．コンフリクト・コミュニケーション・コンピテンスの失敗例＞

事例（A）は，筆者が2007年に行った某老人介護施設のケアマネージャー（ケアマネ）とのインタビューである。この例では，ワーカーがコミュニケーションをしようとせず，「回避的・無視」のスタイルを取っていることがわかる。(B)は，筆者が2010年に行った某法人組織の従業員とのインタビューである。この例では，その組織内で意見をぶつけ合うことが必要なことには気が付いているが，それをしないで我慢している状態であり，「間接―協力的」コミュニケーションや「順応的・譲歩」スタイルが見られる。いずれの場合も，コンフリクトから肯定的結果を引き出す可能性は低い。

(A)

ケアマネ　できる人たちがおむつをやるように……。若い人たちとか常勤者の方とか，できないのよとか，トイレも行かないのよとか，文句を言うので，できる人が教えてあげればいいじゃないと言いますが，時間との戦いみたいでそういう余裕がないのです…。だから，トイレをやる人はやるし，入らない人は入らない。リネン交換も，入る人は入る，入らない人は入らない。やはりやらないとうまくならないし，結局できる人ばかりに負担がかかってしまうので，全員ができないと大変でしょう…。

山口　この人たちの不公平感は大きいのではないですか。

ケアマネ　その人たちが文句をブーブー言うわけですが，自分たちがトイレ介助をする，リネン交換するのが介護だと思っている。それ

が仕事だと思っていて，コミュニケーションは二の次，三の次みたいな考えなのです。これが介護よ，仕事よみたいな感じで，みずから行ってしまうわけです。

<中略>

ケアマネ　…それぞれみんないいものを持っているので，コミュニケーション不足だと思います。話もろくにしないし…。いい時もありました。最初は職員の人数が少なかったし，よかったですよ。事業所もこんなにいっぱいなかったので，最初はどこのセクションでも助け合いましょうというふうでした。そういう面では前のほうがコミュニケーションはとれていました。

(B)

Zさん　ぶつかり合わないので，表向きの人間関係は維持できるのではないでしょうか。

山口　そういうコミュニケーションをとられているということですか。

Zさん　そうですね，そういうことが多いかもしれないです。

山口　そうすると，少し我慢するような雰囲気がある感じですか。

Zさん　そうですね。

山口　それは大事なことだとは思いますけれども。そうでないほうがいいと思ったことはありますか。

Zさん　悪いことは，悪いと言う。ぶつかり合って本音で話をしてやっていったほうが，やはりいいとは思うのですけれども。もちろん建前はちゃんと持ってですけれども，本音でぶつかり合うことによって気持ちよく仕事ができると思います。そうすることによって，会社も活気づいて，業績などに結び付くのではないかということはあります。皆，一つになってというような。

> **エクササイズ2：**
> コミュニケーション・コンピテンスに関連する情報が含まれている部分を事例2からみつけて，どのような問題かを考えよう。

5.5. チームを活かすファシリテーションとコーチングのコンピテンス

　現代では，特に企業という組織においては，従業員やチームに対する**権限委譲**（☞206ページ参照）と，それにともなう組織のフラット化（上下間の階層を少なくすること）という組織デザイン（組織の形態・構造やそのマネジメントのあり方）が必要不可欠となってきた。規模が大きい組織では，効率性に優れた官僚的組織構造は必須であるが，従業員への権限移譲や裁量権の拡大は，彼らの組織行動に肯定的な影響を与えることがわかっているので，大規模組織といえども，組織のフラット化と権限委譲をどの程度導入できるかは，大きな変革テーマと言えよう。

　組織メンバーの協働は，組織が成立・存続するための要件であり，協働の効果が最もよく現れる形態がワーク・チーム（以下，チーム）である。チームにも様々な種類があるが，もっとも自律的で，権限委譲されているチームは，自己管理型チームと呼ばれる。自己管理型チームには強みも弱みもあるし（詳しくは，山口，2005および2009を参照），またその発想の地である米国においても一時のブームは去っているが，常に変革・刷新が組織に求められる現代の社会・経済環境の流動性を考えると，チームおよびメンバーの自律性の確保は必要不可欠である。本節では，自己管理型チームを活かすための組織コミュニケーション・コンピテンスを考える。

(1) 自己管理型チームの必要性

　自己管理型チームとは，自己管理の範囲とその程度が非常に大きく，通常のワークグループ（部や課などのセクション）や通常のチームなら管理職に任されている業務を担い，様々な意思決定の裁量を付与されているチ

ームである（山口，2005，2009）。自己管理項目には，自己時間管理や職務割り当て，年度予算準備，チームリーダーやメンバーの選出，評価などがあると言われている（Manz & Sims, 1995 [守島監訳，1997]）。

　自己管理型チームの長所は，組織メンバーの労働生活の質（職務満足や労働意欲など）向上，権限委譲による効果，多様性の重視による組織学習や組織変革の促進などである（山口，2009）。自己管理型チーム導入のチーム・コンピテンシー（職務遂行のための知識や技能を含むチーム力）への効果に関してこれまでに明らかになっているいくつかの例をあげよう。中規模企業20社の44の自己管理型チームと39のワークグループの比較研究（Kauffeld, 2006）によると，職務を遂行するための手段や資源を利用する能力や問題の識別および問題解決の能力が自己管理型チームの方が優れていた。また，自己管理型チーム導入により，コミュニケーション，チャレンジする気持ち，仕事に対する意義などへのメンバーの認識が良い方向に変わったという報告もある（Elmuti, 1997）。これらの効果は，権限委譲や多様性の重視という自己管理型チームの特徴が機能しているゆえであろう。例えば，権限委譲が多いチームほど，メンバーの生産性や組織・チームへの貢献度などが高いことが報告されている（Batt, 2004）。山口と山口（2009）による老人介護施設を対象にした研究で，自律性の高い（あるいは求められる）・ユニット型ケア・チームと自律性の低い従来型ケア・ワークグループの比較をしたところ，前者の方が，後者よりもチーム（グループ）メンバー（ケア・ワーカー）の多様性が尊重されていた。自律性の高いチームほど，多様性が必要とされ，尊重されるのである。

　これまでの多くの研究結果を総合的にまとめると，自己管理型チームの利点は以下の通りである（山口，2009：171）：職務への一体感，自由裁量権拡大，欠勤行動の抑制，離職意図・行動の抑制，職務満足，仕事負荷の共有，発言機会の増加，問題識別・解決能力の向上，チェンレンジ精神の維持，個人学習・組織学習と組織変革の促進，没個人やグループシンク（集団思考＝集団の意見や大勢の中で，個々人の多様な意見が埋没し無視されてしまう状況）の回避。

これらの利点を持続させ，活かすことが必要である。特に，自己管理型チームの特徴である多様性の重視や権限委譲を機能させるには，チームリーダーの巧みなコミュニケーション，すなわち，コミュニケーション・コンピテンスが必要である。ファシリテーションやコーチングのコミュニケーションこそがそのコンピテンスである。

(2) ファシリテーションとコーチング

　自己管理型チームにおけるリーダーのコミュニケーション視点から見た役割は，チーム自律性と多様性を活かすことであり，ファシリテーター（促進者），コーチ（目標達成・問題解決支援者），メンター（助言者）としてのスキルが必須である。実際，山口と山口（2009）の調査でも，ファシリテーションのためのコミュニケーションスキルを使っているという認識は，自律性の高いユニット型チームリーダーの方が自律性の低い従来型ワークグループリーダーよりも強かった。

　ファシリテーション・スキルを有する人とは，問題解決などを自律的に行うように手助けすることのできる人で，第三者が落としどころや筋書きを用意し，結論が誘導されていくべきでないと考える（堀，2003）。ファシリテーションのコミュニケーションは，会議の議論の進め方において発揮されるべきものである。コンフリクト・マネジメントにしても，新商品・サービス開発にしても，すべて会議での話し合いや討論により行われる。別所（2005）は，そのようなコミュニケーションの場面で必要とされる以下の4つのスキルを提示している：「目標達成のための課題の発見や解決策の決定を促す」，「自ら解決案を示さない」，「自分たちで考えるように動機づける」，「メンバー間のコミュニケーションを促進する」。このようにリーダーや上司が解決策を押し付けないことで，メンバーは自分たちの自律性や裁量権を認識し，権限委譲により自分たちの権利を主張，実行することのできる環境が整う。多様な意見が促されることで，新しいアイディアや解決策が生まれるし，新たな視点を身につけることで学習と変革につながる。

また，シュワーツ（Schwarz, 2002 = 2005：79]）は，リーダーやメンバーがファシリテーターである場合，グループを効果的に手助けする基礎ルールを9つ提示した。それは，「想定や推察を確認する」，「全ての関係情報を共有する」，「具体例をあげ，重要な言葉が何を意味しているのかについて合意しておく」，「理由と意図を説明する」，「態度ではなく関心に焦点を合わせる」，「提案と質問を組み合わせる」，「次のステップと，意見の相違を解消する方法を一緒に作る」，「タブーを話し合う」，「必要水準のコミットメントを生み出す意思決定プロセスを使う」である。この9つのルールは，グループメンバーの情報共有により問題を正しく理解することを促し，メンバー相互に状況や問題を適切に説明でき，意見交換を促すコミュニケーション・コンピテンスと言っていいだろう。

　コーチングの定義は，「…対話を課されることを通して，クライアントが目標達成に必要なスキルや知識，考え方を備え，行動することを支援するプロセスである」(栗本，2009：12)。キーワードは，「対話」，「支援」，「プロセス」である。多くの場合，1対1の2者の対話である。コーチングとは，まさに「支援・促し」の対人コミュニケーション・スキルで，支援することが目的であり，チームにおけるファシリテーター同様，決して解決策の「答えを提案」せず「導く」，その全体的プロセスである。プロセスであるから，継続的に定期的に行われるコミュニケーションで利用されるスキルである。栗本は，「質問すること」の重要性を指摘しており，コーチは質問を与える専門家だと述べている。質問することで，コーチングを受ける人の自己開示が起こり，情報をコーチと共有し，その情報に基づいてコーチがさらに適切な促しを働きかけることができるということだろう。このように，リーダーのコーチングによるメンバーの自律的な目標達成の行動への支援は，フラット型組織の運営のためには重要なコミュニケーション・コンピテンスである。

　自己管理型チームにおいては，このコーチングスキルはメンターとしてのリーダーの役割でも活かされるだろう。自己管理型チームは自己責任を負うだけに，各メンバーの責任は重く，また，解決できない問題に一人で

悩むことも少なくない。その時などに、メンターとしてのリーダーはコーチングスキルを駆使して面談し、ストレスの緩和や悩みの解決や他者との協力関係づくりを促すことができるのである。

米国でのテレコミュニケーション業界に従事する23名の従業員を対象に行われたインタビュー調査（Amy, 2008）によると、リーダーによるコーチングや**メンタリング**（☞213ページ参照）の役割が組織メンバー個人の組織学習に重要な役割を果たしていた。そして、形式張らない、近づきやすいコミュニケーションスタイルが、質問をしたり、期待を明確にしたり、個人的経験や例に基づいて教えたり、説明責任を促す規範を指示したりすることを通して、メンバーの学習を促すオープンで信頼できる環境を創っていたことが報告されている。

<事例3．ファシリテーションとコーチングは難しい>
　事例（A）は、2009年に筆者が行った某企業の上級管理職とのインタビューである。管理職として、リーダーのファシリテーションのコミュニケーション・コンピテンスの重要性を示唆している。(B)は、2007年に筆者が行った某老人介護施設でのインタビュー調査でのケアマネージャー（ケアマネ）の発言である。ケア・ワーカー間で先輩から後輩へのコーチングスキルの必要性を示唆している。

(A)

Lさん　例えばA、B、Cと3人いるとすると、それを1つのチームでやらせるわけです。そこでは当然リーダーを指名して、それからあとのBとCは役割を分担させて、それぞれに、そこの役割をしっかり明示してあげるというところは1つ大きいと思います。レベルによりますが、これやっておけと言うと、これはなかなか難しい。あなたのこの力を利用してこういうふうにやってほしいというところまで明示しないと。

山口　個別ということは個を大事にするということ。その上で投げっ

ぱなしではなくて。
Lさん　下のほうのレベルについては1つの目標ややり方を与えてあげる。

<中略>

Lさん　部下がうまくいかない状況というと，そこにヒントを与えてやるのが大事なことだと思います。要するにある意味ファシリテーターみたいですが，そこを修正してやるという。どうしても若い人やまだ能力が足りない経験の少ない人はそこの解が見つからなくて困ってしまう人が多いです。ここは左に行けばいいとか，右に行けばいいとかいうサジェスチョンはものすごく大事です。それで導いていくという。ただ，全部やってしまうとあれになりませんから。

(B)

ケアマネ　…先輩がうまくそこにいてくれればいいのですが，先輩はまた別に忙しそうにしているからなかなか聞けないとか，そういったことがあるとやはり不安になる。先輩もコーチングだとかそういったものの研修を積んで先輩になっていくわけでは必ずしもなくて，昔からの寮母さんというのは教えられたことなんてないんです。厳しさの中で目で盗んだりとか，必死に努力をして技術を会得してきたりしていますので，ゆっくり聞いて，ゆっくり教えてあげるということを経験していない。だから，ポンと聞かれると「こうでしょう」とポンと言ってしまったりとか，そういったこともあると，今の若い人たちというのはあまり大人から怒られたことがないので，もう怖くて次から聞けなくなってしまう。それが仕事であって，…そうするとますます孤独になる。

エクササイズ3：
コミュニケーション・コンピテンスに関連する情報が含まれている部分を事例3からみつけて，どのような問題かを考えよう。

5.6. まとめ

　本章では，組織および組織メンバーのパフォーマンスに関係ある2つの組織コミュニケーション・コンピテンスについて解説した。コンピテンスは，スキルとか能力という概念に近い。したがって，組織内のリーダーとフォロワー間あるいは同僚間の優れた対人コミュニケーションを組織コミュニケーション・コンピテンスととらえた。そのコンピテンスを駆使して，組織や組織メンバーに効果的な結果をもたらすことができることも示した。コンフリクト・マネジメントと自律性の高いチーム・マネジメントのためのファシリテーションとコーチングを組織コミュニケーション・コンピテンスとして詳述した。そして，コミュニケーション・コンピテンス理論とこれまでの研究成果を整理し，統合して，より実践的な組織コミュニケーション行動・スキルを紹介した。事例に関しては，ストーリーとするよりもインタビューによる組織人の「生」の声を伝えることで，現状の問題把握をしてもらうとともに，彼らが抱えている問題を，コミュニケーション・コンピテンスを活かしていかに解決できるかを考えてもらうことを意図して提示した。

　ほとんどの人は組織に所属しているだろう。他の組織メンバーとのかかわりは避けて通れない。何らかのコンフリクトは頻繁に発生するだろうし，組織で必要な業務体制となってきた自律的チームでの活動の機会も今後ますます増えるだろう。組織コミュニケーション・コンピテンスは身近な問題であり，利用する機会も多々あることだろう。

＊本章で紹介したインタビュー調査は，平成19年度〜平成20年度科学研究費補助金基盤研究C（研究課題番号 19530567，研究代表者：山口生史）と2007〜2008年度および2009〜2010年度明治大学社会科学研究所の助成を得て行った研究の一部である。

◆**参考文献**

ブレーク，R. R., & ムートン，J. S.（1964）／上野一郎（監訳）（1965）『期待される管理者像』産業能率短期大学（Blake, R. R., & Mouton, J. S. *The managerial grid*. Houston, TX.：Gulf）

別所栄吾（2005）「評価スキル，ファシリテーション—コミュニケーション

スキル,能力開発研修」山口生史（編）『成果主義を活かす自己管理型チーム』pp.159-171,生産性出版

二村英幸（2009）「コンピテンシーの測定」山口裕幸（編著）『コンピテンシーとチーム・マネジメント』pp.21-36,朝倉書店

堀　公俊（2003）『問題解決ファシリテーター——「ファシリテーション能力」養成講座』東洋経済新報社

栗本　渉（2009）「コーチングとは何か」鈴木義幸（監修）／コーチ・エイ（著）『コーチングの基本』pp.12-46,日本実業出版社

マンツ, C.C., & シムズ, H.P.（1995）／守島基博（監訳）（1997）『自律チーム型組織—高業績を実現するエンパワーメント』生産性出版（Manz, C.C., & Sims, H. P. *Business without bosses.* New York: John Wiley & Sons）

永井隆雄（2009）「我が国におけるコンピテンシー活用の実際」山口裕幸（編著）『コンピテンシーとチーム・マネジメント』pp.87-107,朝倉書店

シュワーツ, R.（2002）／寺村真美・松浦良高（訳）（2005）『ファシリテーター完全教本』(Schwarz, R. *The skilled facilitator: A comprehensive resource for consultants, facilitators, managers, trainers, and coaches* (2nd ed.). San Francisco CA：Jossey-Bass.)

高橋　潔（2009）「コンピテンシー概念の効用と限界」山口裕幸（編著）『コンピテンシーとチーム・マネジメント』pp.1-20,朝倉書店

山口生史（編）（2005）『成果主義を活かす自己管理型チーム』生産性出版

山口生史（2009）「自律管理型チームの強さと弱さ」山口裕幸（編著）『コンピテンシーとチーム・マネジメント』pp.165-183,朝倉書店

山口生史・山口麻衣（2009）『介護保険施設におけるチーム・コミュニケーション』ワーキングペーパー

Amy, H. A. (2008). Leaders as facilitators of individual and organizational learning. *Leadership & Organization Development Journal, 29* (3), 212-234.

Batt, R. (2004). Who benefits from teams? Comparing workers, supervisors, and managers. *Industrial Relations, 43* (1), 183-212.

Burke, R. J. (1970) Model of resolving superior-subordinate conflict: The constructive use of subordinate differences and disagreements. *Organizational Behavior and Human Performance, 5,* 393-411.

Canary, D. J. (2003). Managing interpersonal conflict: A model of events related to strategic choices. In J. O. Greene & B. R. Burleson (Eds.), *Handbook of communication and social interaction skills* (pp. 3-50). Mahwah, NJ: Lawrence Erlbaum.

Elmuti, D. (1997). The perceived impact of team-based management systems on organizational effectiveness. *Team Performance Management, 3* (3), 179-192.

Henderson, L. S. (2008). The impact of project managers' communication competencies: Validation and extension of a research model for virtuality, satisfaction, and productivity on project teams, *Project Management Journal, 39* (2), 48-59.

Jablin, F. M., & Sias, P. M. (2001). Communication competence. In F. M. Jablin & L. L. Putnam (Eds.), *The new handbook of organizational communication: Advances in theory, research and methods* (pp. 819-864). Thousand Oaks, CA: Sage.

Kauffeld, S. (2006). Self-directed work groups and team competence. *Journal of Occupational and Organizational Psychology, 79*, 1-21.

Martin, J. (1998). *Organizational behavior*. Boston, MA: International Thomson Business press.

Nicotera, A. M., & Dorsey, L. K. (2006). Individual and interactive processes in organizational conflict. In J. G. Oetzel & S. Ting-Toomey (Eds.), *The sage handbook of conflict communication: integrating theory, research, and practice* (pp. 293-325). Thousand Oaks, CA: Sage

Payne, H. J. (2005). Reconceptualizing social skills in organizations: Exploring the relationship between communication competence, job performance, and supervisory roles. *Journal of Leadership and Organizational Studies, 11* (2), 63-77.

Poole, M. S., & Garner, J. T. (2006). Perspective on workgroup conflict and communication. In J. G. Oetzel & S. Ting-Toomey (Eds.), *The sage handbook of conflict communication: integrating theory, research, and practice* (pp. 267-292). Thousand Oaks, CA: Sage.

Putnam, L.L. (2006). Definitions and approaches to conflict and communication. In J. G. Oetzel & S. Ting-Toomey (Eds.), *The sage handbook of conflict communication: integrating theory, research, and practice* (pp. 1-32). Thousand Oaks, CA: Sage.

Reina, D., & Reina, M. (2006). *Trust and betrayal in the workplace: Building effective relationships in your organization.* San Francisco: Berrett-Koehler.

Runde, C. E., & Flanagan, T. A. (2007). *Becoming a conflict competent leader.* San Francisco, CA: Jossey Bass.

Runde, C. E., & Flanagan, T. A. (2008). *Building conflict competent teams.* San Francisco, CA: Jossey Bass.

Runde, C. E., & Flanagan, T. A. (2010). *Developing your conflict competence.* San Francisco, CA: Jossey Bass.

Thomas, K. (1976). Conflict and conflict management. In M. D. Dunnette (Ed.). *Handbook of industrial and organizational psychology* (pp. 889-935). Chicago: Rand McNally College Publishing Company.

第6章

異文化間コミュニケーション

根橋玲子

> ◆ 異文化間コミュニケーションとは,どのようなコミュニケーションのことを言うのだろうか?
> ◆ 異文化間コミュニケーションの際に必要なコンピテンスとは,どのようなものなのだろうか?
> ◆ 文化はアイデンティティ形成に,どのような影響を与えているのだろうか?
> ◆ 私たちは,他人を人種,性別,職業などで分類していないだろうか? またそうした分類は他者との関わりにどのような影響を与えているのだろうか?

6.1. 異文化間コミュニケーション・コンピテンス

(1) 文化とは何か

「文化」を定義したり,理解することは容易ではない。もちろん辞書を引けば説明は出てくるだろう。しかし辞書の定義は,一般的な見解にすぎない。これまで多くの研究者が文化について調査・研究し,多くの思想家が文化について語ってきたが,その意味するところは様々で,文化の定義はそれを研究する者の数だけあるとも言われる。

本章は,コミュニケーションに関わる部分に焦点を当てて,文化とは,「学

習され，ある集団の成員に共有された思考や行動の枠組み」と定義してみたい。この定義が最も優れたものというわけではないが，文化とコミュニケーション，また異文化間コミュニケーション・コンピテンスを理解するのに役立つだろう。

　この一文は，「文化は学習されるもの」「文化はある集団の成員に共有されるもの」「文化は思考や行動の枠組み」の3つに分節できる。

① 「文化は学習されるもの」——人は遺伝により文化を身につけるのではなく，後天的に獲得する。たとえ生物学的な両親が中国人であろうと，赤ん坊のうちに米国人の家庭に養子に入れば，その人は米国文化を身につけるであろうし，両親がタイ国籍でも，日本で生まれ育てば，日本語が母語となり日本的な思考・行動様式を身につけるだろう。人は，家族や友人，周囲の人々とのコミュニケーションを通して文化を学ぶのである。

② 「文化はある集団の成に共有されるもの」——文化はコミュニケーションを通じて，人々の間に共有されるものである。それは，親から子へと伝承的に共有されることもあれば，同じ時代に幅広く共有されることもある。文化と呼ばれるためには，ある程度の人数が必要であり，一人では文化とは呼べず，また共有されなくなった文化は過去の遺物になるか，存在を忘れ去られるのである。

③ 「文化は思考や行動の枠組み」——共有された文化は私たちの考え方や行動に大きな影響を与える。文化は目には見えなくても，何が適切とされる行動なのか，何が重要なのか，といった私たちの行動や思考の指針や規範を示す。日本文化を例にとれば，子どもの頃から，挨拶時にはお辞儀や会釈をし，これが適切な動作であると学び，そのように行動するようになる。

　文化の定義に関連して，ここで「異文化」とは「外国の文化」に限らないことを付記しておきたい。日本では一般に，「異文化」とは「外国の文化」

を指し,「異文化間コミュニケーション」には「外国人と外国語で話すこと」といったイメージが付随している。しかし,「異文化」は日本国内にもあふれている。「土地柄」「県民性」など,地域性の違いを耳にすることはよくあるだろう。日本国内でも,地域により言葉や衣食住の多くの面に違いが見られる。めったに会わない遠い親戚を尋ねた時,言葉がわからず外国に来た気分を味わった経験はないだろうか。これなどはまさに異文化体験であろう。また,性別,年齢,職業なども「異文化」を感じやすい枠組みである。この章では,異文化間コミュニケーション・コンピテンス研究の始まりが,外国人との接触場面における問題であったことから,そのような事例を多く用いているが,異文化は必ずしも外国のことだけを指すのではない,ということを覚えていてほしい。

(2) 異文化間コミュニケーション・コンピテンス

　異文化(例えば外国)の環境に滞在し,そこでの生活を楽しみ成功を収める人もいれば,精神的にダメージを受け,目的を達することなく帰国する人もいる。皆さん自身,もしくは皆さんの周囲にも,成功あるいは失敗の経験を持つ人がいるのではないだろうか。

　多くの研究者は,これらの違いを生む要因が何であるかに着目し,「異文化間コミュニケーション・コンピテンス」「異文化適応」「カルチャーショック」などを,研究テーマとしてきた。このような研究は,第二次世界大戦後,政府や軍の関係者を派遣したり,平和部隊(Peace Corps)として若者たちを発展途上国に送り出した米国で盛んになった。彼らの中には,赴任先の人々とうまくコミュニケーションが図れずに問題を抱える人が多々見られたが,その問題は必ずしも現地の言葉をマスターしているかどうかだけに起因したものではなかったのである(御手洗,2000)。

　異文化間コミュニケーション・コンピテンスとは,異文化状況(外国滞在者としての異文化適応,移民としての異文化適応,異民族・異人種間を含む異なる文化グループの接触,カルチャーショック等)で必要となる力(佐々木,2000)であるが,その「力」が指す範囲は研究者により異なる。

この分野の研究の初期に異文化間コミュニケーション・コンピテンスについてまとめたのは，ルーベン（Ruben, 1976）等である。ルーベンは，異文化間コミュニケーション・コンピテンス研究が取り扱うべき範囲として以下の7つを挙げた。

①敬意（display of respect）——言語・非言語を用いて相手に敬意を表すことのできる力
②判断保留（interaction posture）——相手のメッセージに対し，早まった判断をせずにやりとりできること
③知識の保持（orientation to knowledge）——人はそれぞれ解釈方法が異なり，その解釈に使われる知識や感情は個人に固有のものであると認識できること
④感情移入（empathy）——相手の立場に立つことのできる力
⑤役割行動（role behavior）——仕事に関わる行動，対人関係構築の行動，個人的行動の3つのコミュニケーションにおける役割行動を柔軟に果たせる力
⑥相互作用の管理（interaction management）——相互作用をコントロールできる力
⑦寛容性（tolerance for ambiguity）——未知の状況に寛容にかまえ，すばやく対応できる力

　また，ハマー等（Hammer, Gudykunst, & Wiseman, 1978）は，「コミュニケーションの有効性」（communication effectiveness）という概念を提案し，異文化適応に重要な力として以下の3つを挙げた。

①心理的な負担に対処できる能力（the ability to deal with psychological stress）
②効果的なコミュニケーション能力（skill in communication with others both effectively and appropriately）

③対人関係を確立する能力（proficiency in establishing interpersonal relationships）

　さらに宮原（2006）は，異文化を理解し，適応するのに必要なコンピテンスは，①観察力，②共感力，③判断留保力，④柔軟性，⑤忍耐力，⑥対人関係力，⑦適正な自己理解であるとした。
　これまでの実証研究に基づいて，異文化間コミュニケーション・コンピテンスを測定しようという試みもなされている。例えば，行動能力査定法（BASIC：Behavioral Assessment Scale for Intercultural Communication）は，ルーベン等の研究を基に開発されたものである。これはルーベンが提唱した上記の7つの側面について（役割行動を仕事と対人関係構築の2つに分けているため，実際には8つ），各人のコミュニケーション行動を測定し，異文化間コミュニケーション・コンピテンスの基礎を身につける一助にしようという狙いがある（Koester & Olebe, 1988）。
　山岸等（山岸・井下・渡辺，1992）は，異文化の環境下で，仕事や勉学の目標を達成し，文化的・言語的背景の異なる人々と好ましい関係を持ち，個人にとって意味のある生活を可能にする能力や資質を包括的にとらえようと，「異文化間能力」という概念を提唱し，その測定を試みた。また，「異文化対処力テスト」を開発し，自文化への理解，非自民族中心主義，外国文化への興味，感受性，寛容性，柔軟性，オープンネス，コミュニケーション，マネージメント，判断力，対人関係，知的能力という12項目について，測定を行った。
　この他にも，これまで多くの定義や測定が試みられてきたが，ほとんどの研究が，個人の特性に言及するに留まっているのが特徴的である。また，文化普遍的な態度や行動に関する内容であることも指摘できる。文化普遍とは，どの文化にも共通するという意味であるが，どの文化の成員にも共通する異文化間コミュニケーション・コンピテンスが存在するという前提は，批判の対象にもなっている。批判の多くは，コンピテンスを統一的な尺度で測定するのは極めて難しいのではないかというものである（鈴木，

2010)。例えば，米国では，相手に対する敬意を表すアイ・コンタクト（相手をじっと見ること）は，日本では目上の相手に対しては失礼にあたることがある（佐々木, 2000）。つまり，コンピテンスを定義するには状況（context）を常に考慮しなければならないのである（Lustig & Koester, 2006）。

　また，異文化間コミュニケーション・コンピテンスというと，英語やその他の外国語が堪能な人がコンピテンスの高い人と考えられがちである。しかし，テストやシミュレーションで「高得点を取った人のコミュニケーション能力が高いのではなく，現実の状況において柔軟に対応できたり」「要求されている役割を演じることができる」（鈴木, 2010：32）ことの方が，重要であると言える。コンピテンスとは，つまり英語の試験で高得点を取ったり知識が豊富であることよりも，むしろ実際の場面で発話を効果的に用いて自分の要求を満たしたり，また人に働きかけたりといった行動を取れることを指すのである。

　つまり，コンピテンスを考える時には，誰がどのような「状況」で，どのような「役割」で，どう「行動」するのかという視点からとらえることが重要になってくる（この視点をわかりやすく説明できるのが「スキーマ」という概念であるが，これについては後節で詳述する）。例えば，同じ外国人との接触という場合でも，「アルバイト先」で，「店員」として「接客する」のに必要なコンピテンスと，「学生会議」で，「大学生の日本代表」として「外国の代表学生と話し合う」のに必要なコンピテンスは異なるであろう。今後は，普遍的（文化普遍）な異文化間コミュニケーション・コンピテンスを明らかにしようとするだけでなく，特定の文化（文化特定）の中で必要とされるコンピテンスを調査で積み上げ，比較検討することで，共通点を見出していくという帰納的な調査・研究も必要である（西田, 2000b）。

> **エクササイズ1：コンピテント・コミュニケーター**
> 　次の2つの場面について，どのようなコミュニケーションを取る人が「コンピテント・コミュニケーター」（コミュニケーション的有能さの高い人）なのかパートナーと話し合ってみよう。パートナーと話し合ったら，別のペアと意見を交換してみよう。どのような点が異なり，どのような点が類似しているだろうか。
> 　1．大学の授業で，「温暖化現象」についてグループで英語で話し合う。
> 　2．友人のサークル内での人間関係についての悩みの相談に乗る。

6.2. 文化スキーマ

　人はある「文化」に生まれ，発達の段階でその文化にふさわしい行動ルールを身に付ける。例えば，日本人の両親を持ち日本で育った者と，同じく日本人の両親を持つが米国で育った者とでは，身につける文化的行動ルールは異なると考えられる。前者は子どものうちから，人に会った時には，「こんにちは」という挨拶と頭を下げる動作を適切なものとして学習するが，後者はもしかしたら，握手や抱擁を適切な行動と学ぶかもしれない。このような「文化的行動ルール」は，一般的には「常識」と呼ばれるが，認知科学者の間では「スキーマ」（Bartlett, 1932；Rumelhart, 1975）や「フレーム」（Minsky, 1975）などと呼ばれる。

　さて，下記の描写を読んで，「彼ら」がどこにいるかわかるであろうか。

　　彼らが入ると，「何名さまですか」「喫煙席と禁煙席どちらがよろしいですか」と聞かれ，「5名で禁煙席」と答えると，席に案内された。

　おそらく，多くの読者が「レストラン」と回答したことであろう。なぜなら，皆さんは過去の経験から，レストランでは，何がどのような順序で起こるのかといった知識を蓄積しているからである。このように知識や知識が組織化された認知構造がスキーマである。スキーマには，私たちが周囲の環境を知覚する際，対象物を組織立てて理解させる働きがあると言わ

れる (Fisk & Taylor, 1991)。

　スキーマは脳内で形成，蓄積されると考えられている。また，形成・蓄積の作業が行われるのは，次のような状況下であると考えられる。例えば，同じ文化に所属する成員とある状況を繰り返し経験した場合，あるいは似たような事例を繰り返し耳にした場合，本，テレビ，映画などのメディアを通して，何度も同じことについて学習した場合などである。そして，ある状況に遭遇した場合，人々はそれまでに蓄積されたスキーマに照らし合わせてその状況や対象について，理解や反応をするのである。

　これらスキーマの形成・蓄積は，同文化内で起こることが普通である。なぜなら，人々は自分の所属する文化的環境において，他の人々や物事，メディアとのコミュニケーションを通し，スキーマを構築していくからである。ある文化の成員間では，同じようなスキーマを構築しているため，情報伝達はこのスキーマを通してスムーズに行われる。言い換えれば，文化の成員の行動様式は，この種のスキーマによって特徴づけられるということである（西田，2000b）。この文化的環境に着目したのが「**文化スキーマ**」（☞212ページ参照）理論である。

　西田（西田，2000a；西田，2000b）によれば，文化スキーマは次の8つに類別することができる。

①事実・概念スキーマ——事実・概念スキーマは，一般的な事実・情報に関するスキーマのことを指す。「日本の首都は東京である」といった知識が，これに含まれる。
②人スキーマ——様々なタイプの人に関するスキーマ。「怒りっぽい」「背が高い」などの人々の外見や性格特性を含んでいる。
③自己スキーマ——自己についての認知的に一般化された情報を指す。自分とはどのような人物なのか，といったアイデンティティや自己概念に深く関連している。
④役割スキーマ——役割スキーマは，社会的な役割により期待される異なった行動に関するスキーマである。役割には，「年齢」「性別」「人種」

などの生物学的・生理学的なものと，「保育士」「サッカー選手」といった後天的に獲得するものがある。

⑤状況スキーマ——よく遭遇する状況に関する情報，またその状況に適切な問題解決に役立つ情報に関するスキーマである。状況を把握し，その状況にふさわしい行動の予測を立てる。状況スキーマが活性化されると，これに適切な手続きスキーマや方略スキーマが活性化される。

⑥手続きスキーマ——ある状況において，適切な一連の出来事に関するスキーマ。どのような順序で出来事が流れていくのか，といった情報を含む。上記の「レストラン」でのやりとりは，この一例である。レストランやピザの注文など，ある状況における典型的な順序だった行動の流れをまとめたものは，スクリプトとも呼ばれる（Schank & Abelson, 1977）。スクリプトは，状況スキーマと手続きスキーマの両方を含んだ概念と考えられる。

⑦方略スキーマ——問題解決の戦略に関するスキーマを指す。時間の制約があるような場合や，知識があまりない状況で，どのように問題を解決するのか，といったことを含む。

⑧情動スキーマ——感情に関する知識をまとめるスキーマである。喜び，悲しみ，怒りといった感情は，人間に共通のものであると言われる（Ekman & Friesen, 1975）。しかし，これらの感情の表出方法は文化によって異なり，私たちは周囲の人々とのコミュニケーションを通して，その方法を獲得する。

これらスキーマの分類の中で，役割・状況・手続きの3スキーマは特に異文化間コミュニケーション・コンピテンスと深いつながりを持つと考えられる。なぜなら，異文化間コミュニケーション・コンピテンスを語る際には，どのような状況における（例：日本の大学の授業，ドイツ企業のビジネスミーティング等），どのような社会的役割（例：学生，社長）に，どのような行動が適切であるか，といったことを考えることが必要不可欠であるからだ。

その中でも特に，役割スキーマは，人々が他人を理解しようとする際に，最初に機能することの多いスキーマである。私たちは，外国人であれ，他大学の学生であれ，「自分と異なるグループの人」を，何らかの役割を基に分類している。次節でも詳しく説明するが，そもそも人間は自分以外の人々をカテゴリーに分類して理解する傾向があり，役割スキーマが，その分類を行っている（Fiske & Neuberg, 1990；Nishida, Hammar, & Wiseman, 1998）。その分類機能は，逆に人々の持つ個人的な情報を抑えてしまうこともある。なぜなら，人々の個人としてのイメージを形成する情報よりも，役割に応じたイメージを形成する情報のほうが獲得されやすいからである（Fiske & Neuberg, 1990）。例えば，日本人学生の鈴木さんが，韓国からの留学生キムさんに初めて会ったとしよう。キムさんの，「ピアノという趣味や柔道黒帯といった特技」（個人的な情報）よりも，「韓国人，男性，留学生」といった役割に関する情報やそこから派生するイメージのほうが，初めに理解されることが多い。人種や性別，年齢などは役割スキーマの中で，もっとも他人のイメージ形成や分類に寄与するものと考えられており（Hamilton, Stroessner, & Driscoll, 1994），**ステレオタイプ**（☞211ページ参照）研究とつながりが深い。

エクササイズ2：私の常識はあなたの非常識⁉
　文化スキーマは，周囲の影響（地域の慣習や家族構成，親の教育方針，国の政策等々）を受けながら形成されるものである。家族や古くからの友人など，身近な者といる時には意識されることは少ないが，異なる文化スキーマを持つ者と接触することで，「他の人とは異なること」が，意識されることがある。そこで，出身地の異なるパートナーと組み，お互いにインタビューし，パートナーの地元で顕著・特徴的な行動パターンをいくつか挙げてもらおう。その行動は，あなたにとって「当然」「自然」なことであろうか。次に，パートナーから学んだ内容を他のペアに報告してみよう。

　エクササイズ2では，どのような報告があっただろうか。食やしきたり

等は，地方により大きな違いが見られることがある。また，その家独自のルールもあるだろう。自分にとってはごく自然なことが，他人には驚きであったり，またその逆ということもあるのではないだろうか。

> **エクササイズ3：宇宙人への説明**
> 　宇宙に存在するかもしれない宇宙人。とあるプロジェクトで，世界各国からその文化を紹介する物品等を載せた小型の無人宇宙船を飛ばすことになった。日本からは，食品を1点選ぶことになり，「甘栗」を載せることが決まった。ついては，食べ方についての説明書も同封する。この説明書を各自書いてほしい。残念ながら映像は同封できない。書き終えたらパートナーと話し合い，どちらの説明書のほうがわかりやすいか比較しよう。

　エクササイズ3のプロジェクトのうさん臭さには目をつむり，ここではスキーマを共有していない相手に対する，説明の難しさを実感してほしい。「皮をむいて食べる」と書いた人。残念ながらあなたの説明書は採用されないだろう。「どこが皮なのか？」「そもそも皮って何？」「むくってどういうこと？」相手は，このような私たちにとって非常に基本的な知識すら共有していない可能性がある。対象物は違っても，何かしらの木の実の皮をむいて食べる，という動作は地球上の多くの生物が行っており，相手が地球上の生き物であれば，その方略を応用してまだ食べたことのない実を食べることは可能だろう。しかしそれすら持ち合わせない相手であれば，その前提も通用しないのである。できるだけ詳細に説明する必要がある。

6.3. 文化とアイデンティティ

　人は，生まれ育った文化の中で様々な場に相応しいスキーマを身に付けながら成長し，その文化グループの一員であることを理解するようになる。これを「文化的アイデンティティ」と呼ぶ。ある文化の成員になることは，その文化の伝統や言語，価値観や行動様式を受け入れ，また内面化させることである（Lustig & Koester, 2006）。例えば，日本で生まれ育った多く

の日本人は，日本語を学び，また価値観や行動様式を身に付け，自身を日本人であると認識するようになる。

　アイデンティティは，文化的アイデンティティの他に，「社会的アイデンティティ」，「個人的アイデンティティ」の3種類に大別される。これらは全く異なるアイデンティティということではなく，お互いに関連しているものである。社会的アイデンティティとは，ある文化内における特定のグループへの所属意識であり，あるグループの社会的アイデンティティを持つということは，そのグループに所属していることが自分にとって重要であるという認識であると言える。社会的なグループには，年齢や性別，出身地，宗教，職業などが含まれる。個人的アイデンティティとは，所属する文化や社会グループの他の成員とは異なる，自分独自の特徴に基づいている。例えば，同世代の同じ性別の友人たちの多くがスポーツ観戦を好むのに対し，あなたは一人で読書するのが好きかもしれない。これはあなたの特性と言える。しかし，上述したように，個人的アイデンティティは社会的アイデンティティ，文化的アイデンティティと切り離すことのできないものであり，これらのアイデンティティが密接に関連しながら，自己概念を形成しているのである。

　図1に見られるように，人は複数のアイデンティティを持つ。Aさんは「日本人」，「女性」，「鈴木家の長女」，「学生」，「神奈川県出身」，「料理好き」，Bさんは「日系ブラジル人3世」，「サンパウロ出身」，「東京在住」，「男性」，「ジャーナリスト」，Cさんは「母」，「視覚障がい者」，「点字翻訳家」，「音楽サークルメンバー」などがそうした例である。

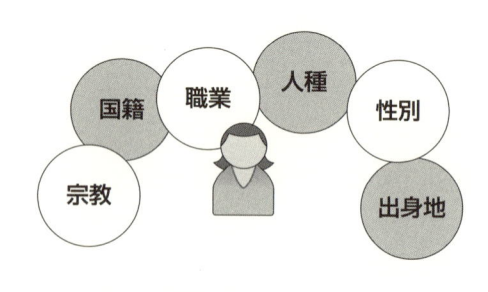

図1　複数のアイデンティティ

> **エクササイズ4：私のアイデンティティ**
>
> 自分のアイデンティティを，図1を参考に描いてみよう。その際，「私は○○です」という文の「○○」に当てはまる言葉を書き留めるとよい。その中であなたにとって特に重要なものはどれであろうか。周囲の人々の場合はどうであろうか。グループで順番に発表してみよう。

　国際結婚や外国籍の人々が日本国内に増えるにつれ，複雑なアイデンティティを持つ者が増えている。例えば，韓国系アメリカ人の父と，日本人の母を持ち，生まれはロサンゼルス，母語は英語と日本語，現在は東京に住み，日本の大学に通い，国籍はアメリカと日本で迷っている，といった人は現在では珍しくはないし，今後も増えるものと思われる。

　このような人々がどのようなアイデンティティを形成しているかは，その人が生育の過程でどのようなアイデンティティ探し（identity search）をし，現在に至っているのかによるだろう（Lustig & Koester, 2006）。また，個人の意思とは別に，周囲がどのようにその人物を見たり，接したりするのかも大きな影響を与える。アイデンティティは他者との関わり合いにおいて形成されるもので，アイデンティティ形成には他者の認識が必要とされるという考えがある。「鏡に映った自我」（looking-glass self）という言葉がこれをよく表している。この言葉は，アメリカ人の社会学者クーリー（C. H. Cooley, 1864-1929）によるものであるが，クーリーによると，人間は自らのアイデンティティを他者を通して知ることができるという（船津，2006）。人間は自分の顔や姿を自分で直接見ることはできないが，鏡に映すことによって見ることができる。同様に，私たちのアイデンティティは他者を鏡として通すことで知ることができるというわけである（船津，1996）。

　もともと自分の属する集団（内集団・ingroup）とそれ以外の集団（外集団・outgroup）の区別は恣意的なものであり，またどのアイデンティティが顕著になるのかによってもその都度変化する。人は何らかの形で他

の人々を区別し，その分類によりコミュニケーション行動を変化させる。これを明らかにしようとしたのが，タジフェル（H. Tajfel, 1919-1982）らが提唱した「社会的アイデンティティ理論」（Social Identity Theory）である。この理論によると，人は肌の色や使用している言葉などを基準に，他の人々をグループに分類化しており，この分類により意識されたアイデンティティに基づき，内集団と外集団に対して，異なる行動を取る傾向が見られる（Tajfel & Turner, 1979）。前節に説明されているように，この「分類化」はスキーマの機能の中心的なものである。

「異なる行動」とは，例えば内集団により多くの利益が分配されたり，有利な記述がされるなど，主に内集団に対して好ましいものになることが多い。この内集団・外集団の分類化は，どのアイデンティティが顕著になるかで変化する。例えば，オリンピックのような国別の競技では，「国籍」が分類化の基準となり，自分の国の選手を応援することになる。また，大学対抗の競技では，所属する「大学」が分類化の対象となり，「○○大学生」というアイデンティティが意識されるだろう。このようにアイデンティティを基にした行動をグループ間行動と呼ぶ。グループ間行動には，自らの肯定的なアイデンティティを維持するために取られる，排他的な行動（例：相手を故意におとしめる，グループから外す）も含まれる。そのような行動は，偏見や差別，**自文化中心主義**（☞207ページ参照）等につながる可能性がある。

> **エクササイズ5：原因はどこに？**
> 下記の2つの文を読み，それぞれ何が理由なのかを考えてみよう。
> 1. あなたの親友が，突然アルバイト先をくびになった。
> 2. あなたの親友が，難しい資格試験に合格した。
>
> 再度同じ文の「あなたの親友」の箇所を「あまり知らない誰か」に置き換えて，理由を考えてみよう。「親友」と「知らない誰か」では，考えられる答えが異なるのではないだろうか。それぞれ理由を書き出し，パートナーの書き出したものと比較してみよう。

エクササイズ5について解説しよう。人々が取る行動の原因についての理由づけ（帰属）は，内集団のメンバー（親友など）と外集団のメンバー（知らない

	内集団	外集団
否定的事象	状況的帰属	個人的帰属
肯定的事象	個人的帰属	状況的帰属

図2　集団による帰属の違い

誰かなど）では，異なる傾向が見られる。内集団メンバーに対しては，否定的な事柄（例：アルバイト先をくび）に関しては，状況にその原因を見出し（例：店の売り上げが落ち込んでいる，店長に見る目がない），肯定的な事柄（例：資格試験に合格）に関しては本人に理由を見出そうとする（例：一生懸命勉強した，頭がよい）。しかし，外集団メンバーに対しては，全く逆の傾向が見られる。つまり，否定的な事柄（例：アルバイト先をくび）では本人に理由を求める（例：力がない，仕事の態度が不真面目），肯定的な事柄（例：資格試験に合格）では状況に理由を求める（例：運がよかった，親のサポートが厚い）（図2参照）。このように人の認知は，自分や内集団メンバーに対して，都合のよいように働いている。これを「**内集団バイアス**」（☞204ページ参照）と呼ぶ。

　人は，自分たちが理解できる判断基準で理由づけを行っている。この基準は，自分が育った環境，すなわち文化で学習されたものである。異文化間コミュニケーションの場面では，当事者がそれぞれ自文化で身に付けた基準を用いて理由づけするため，同じ行動や事柄に対しても，相手には異なる理由づけを行う傾向がある（青木，1996）。そして，違いを強調したり，内集団に対して優遇的な理由づけ（内集団バイアス）を行ったりするのである（山本・外山，1998）。

6.4. 異文化との出会い

　私たちは日常的に，性別，世代，職業，出身地，国籍等，様々なレベルにおける「異文化」に遭遇している。大学で出身地の違う友人と話をする，アルバイト先で国籍の異なる同僚と仕事をする，知り合いの紹介で出会っ

た人と恋におちるなど，これらはすべて異文化接触である。異文化接触の中でも顕著なのは，進学のために上京したり，語学学習のために外国に滞在したりする場合だろう。

　旅行や研修などで外国に行った経験のある人は，思い出してほしい。食事のとり方，交通機関の使い方，衛生に関する考え方——様々な場面で，違和感を持ったことがあるだろう。たとえ外国ではなくても，親の仕事の都合や進学などの理由で住む地域が大きく変わった経験のある人の中には，言葉の使い方の違いや近隣の人との付き合い方などに戸惑ったことがあるかもしれない。中には，嬉しい驚きもあれば，不安を掻き立てられるようなこともあったのではないだろうか。オバーグ（Oberg, 1960）によると，私たちは慣れ親しんだ環境が消失すると，不安な状態に陥るという。異文化接触により違和感やストレスを感じたり，倦怠感，不眠，無力感，気持ちの落ち込みなどのネガティブな反応を起こすことを総じて「カルチャー・ショック」と呼ぶ。

　カルチャー・ショックを文化スキーマでとらえ直すと，次のようになる。異文化的な状況では，自文化で獲得した文化スキーマはスムーズに機能しなくなる。なぜなら，異文化の枠組みでは状況を正確に把握できないため，状況に依存する様々なスキーマがうまく機能できないからである。これまでに獲得してきた様々な知識を使って行動できないため，人は結果的に不安になる（西田, 2000b）。しかし，スキーマは，新しい環境に接した場合，そこで新たに人々や物事と何度か繰り返し接触していくことにより，その環境に合わせて変化していく。この変化は一般的に「異文化適応」と呼ばれる。

　異文化接触によってカルチャー・ショックを受けるのはごく自然なことで，程度の差はあれ，誰もが受けるものである。時間の経過とともに新しいスキーマを獲得すれば，問題は解決される。しかし，人によってはショックの程度が深刻で，そのような余裕のない場合もある。あらかじめ，異文化接触ではどのようなことが起こるのかを知っておくのは，有効である。

　カルチャー・ショック理論でよく紹介されるのが，適応過程をモデル化

した「U-カーブ仮説」と「W-カーブ仮説」である。U-カーブ仮説は新しい文化への適応を示し，W-カーブ仮説は，さらにその後自文化に戻って以降のプロセスをも含む。

U-カーブ仮説は，カルチャー・ショックをいくつかのステージに分けてとらえる。ステージのとらえ方は研究者によって異なるが，ここでは最も一般的な4段階に分けたモデルを紹介する。

① ステージ1——見るもの全てが目新しく，気分は高揚する。珍しい食べ物，親切な人々，何もかもが素晴らしく感じる時期である。このため，「ハネムーン期」とも呼ばれる。
② ステージ2——楽しさは永遠には続かない。異文化の奇異な部分が目につき，ストレスを感じたり，ホームシックにかかるなど精神的に不安定になる。
③ ステージ3——徐々に新しい文化に慣れ，状況によりどう行動したらよいかわかってくる。友人などの人のネットワークもでき，文化的相違を受け入れられるようになってくる。
④ ステージ4——滞在期間も残り少なくなり，帰国を意識するようになる。慣れてきた文化を去ることへの寂しさと，帰国への期待も感じる。

W-カーブ仮説は，U-カーブ仮説の4つのステージを経験，帰国した人々が，自文化に戻り経験するショックを含めたものである（図3参照）。このショックを「逆カルチャー・ショック」，もしくは「リエントリー・カルチャー・ショック」（re-entry culture shock）と呼ぶ（Adler, 1981）。慣れ親しんだ環境とは異なるところに一定

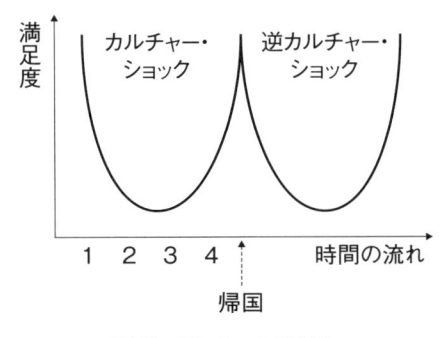

図3　W-カーブ仮説

期間住んだ後に，再び元いた場所に戻ってくると，自分自身や慣れ親しんでいると思っていた環境が変化している。それにより，新たな適応が求められることになる。

U-カーブ仮説およびW-カーブ仮説は，適応過程を段階的にとらえたものであり，理解しやすいモデルであるが，実際には適応過程や適応の程度は人それぞれである。

さて，カルチャー・ショックの否定的な側面ばかりが強調されてきたが，見方によっては，自己成長につながるものとなる。宮原（2006）は，カルチャー・ショックのプラス効果として，①新しいコミュニケーション能力の獲得，②新しい経験，刺激を受け入れる柔軟性の向上，③新しい自分の発見，④困難な状況への適応，⑤予期しない状況から新しい知識を得る，⑥世の中の出来事を複数の視点から見る，ことが可能になると指摘している。日常生活でも，過度のストレスは肉体的にも精神的にも望ましいものではないが，適度なストレスは張りのある生活を送る原動力にもなるように，異文化においても，自己成長を促がす刺激として前向きにとらえれば，上記のような恩恵を受けることができるだろう。

エクササイズ6：カルチャー・ショックを語ろう
これまでの自分の異文化体験を振り返り，どのようなカルチャー・ショックを感じたかグループで話し合ってみよう。異文化体験は，外国に限らず，「引越し」「転校」「進学」「恋愛」など新しい文化的環境との接触全てを含む。

どの文化についても（文化一般），相手文化への敬意，共感力，柔軟性といった文化普遍なコンピテンスを日ごろから高めておくとともに，接触する相手の文化（文化特定）についてよく学び，どのような状況でどのような行動がその文化で適切なのかという理解を深めておくことがコンピテント・コミュニケーターになるために必要である。

また最近では，メディアの進歩により様々な方法で遠隔地の人々とつな

がりを持つことができるようになった。例えば，外国に留学中も，家族や友人とネットを通じて簡単にコミュニケーションを取ることができる。過度に依存すれば害にもなるが，バランスよく用いれば，留学先での不安や疎外感を和らげ，現地での適応にプラスになるだろう。

> **エクササイズ7：フィールドワーク：異文化を訪ねよう**
> 一人（もしくは，ペアまたは小グループ）で，あなたが異文化と感じる場所を訪ねてみよう。場所（フィールド）は，外国人の多いコミュニティ，普段行かないような店，これまで行ったことのない町など，どんなところでもよい。フィールドには少なくとも2～3時間は滞在し，周囲を観察しよう。また，観察の内容やそこで感じたこと，考えたことをメモにとっておこう。メモをもとに発表し，各人がどのような異文化体験をしたのか意見を交換してみよう。

6.5. まとめ

様々な動機や理由により，自文化を離れ新しい文化に移り住む人々が増えることで，移動する者と彼らを受け入れる文化成員との間のコミュニケーションが飛躍的に増えてきた。それに伴い，それまでに本やテレビで見聞きしたことがあっても，実際には会ったことのない人々と接触する場面も増えてきた。

このような場面では，人々は自文化で身に付けてきたスキーマに沿って，コミュニケーションを図ると考えられる。しかしその際，限られた情報の中で獲得したスキーマは，往々にしてステレオタイプ的であるため，相反する事実に遭遇することが多くある。このような場合，私たちのスキーマは，自らが環境に応じて変化する。つまり，新しい状況に応じてスキーマ自身が変化するのである。その際に，重要な鍵となるのがコミュニケーションである。

わかりやすく日本人と外国人との間の接触場面における役割スキーマを例にとって考えてみよう。日本人で初めて中国人と接する人は，これまで

テレビや新聞などのメディアを通して獲得した中国人に対するステレオタイプ的なスキーマを持っていることが多いと考えられる。しかし，この人が中国人と実際にコミュニケートを図ることで，これまで中国人に対して抱いていたイメージは変化するものと思われる。

　今田・園田（1995）は，日本人のイメージについて，アジア各国で調査を行った。その結果，コミュニケーション量が増えるにつれて，人々が日本人に対して抱くイメージに変化があったことがわかった。しかし変化には肯定的なものも否定的なものもあり，それは人によって異なったという。一般に，異文化接触を増やせば，相手をより理解でき，親しみを持つことができると考える人が多いだろう。このような考え方は，「接触仮説」（Contact Hypothesis）に基づいている（Amir, 1969）。しかし，残念ながら，戦争や虐殺などの歴史的な出来事やこれまでの研究は，異文化接触が常によい結果を招くとは限らないことを示唆している。特に接触が望ましくないものであった場合には，相手への態度は否定的になることが多い。例えば，外国からの移民が労働条件の悪い仕事でも喜んでするため，自分たちの仕事をとられるのではないかという不安を持っている人にとって，移民たちとの接触はなかなか肯定的なものにはならないだろう。重要なのは，どのような接触，どのようなコミュニケーションなのかということであり，肯定的なコミュニケーションを増やすことが，相手への好ましい態度形成につながるものと思われる。

　文化背景の異なる人々が同じ社会に暮らす現代，これからますますその傾向が強くなるだろう日本社会において，一人ひとりが異文化間コミュニケーション・コンピテンスを高めていくことが早急に求められている。しかし，「言うは易く行うは難し」である。コンピテンスの指すものは幅広く，どのようなコンピテンスが求められているのかは，その人の置かれた状況によって異なるからだ。どの文化にも応用できる基礎的な異文化間コミュニケーション・コンピテンスについては，個人的な努力もさることながら，教育が担うところが大きい。初等教育から高等教育への一連の体系的な異文化教育・コミュニケーション教育の必要性がますます高まっている。個

人としては，まず異文化への気づき（awareness）を高め，自分がどのような状況，役割において，どのように行動できることが必要なのかを意識していくことがコンピテンスを高めていくことにつながるのではないだろうか。

◆参考文献

青木順子（1996）『異文化コミュニケーションと教育』渓水社

今田高俊・園田茂人（編）（1995）『アジアからの視線：日系企業に働く1万人から見た日本』東京大学出版会

佐々木由美（2000）「会話スタイル」西田ひろ子（編）『異文化間コミュニケーション入門』（pp. 30-74）創元社

鈴木　健（2010）『政治レトリックとアメリカ文化：オバマに学ぶ説得コミュニケーション』朝日出版社

西田ひろ子（2000a）「脳と人間のコミュニケーション行動との関係」西田ひろ子（編）『異文化間コミュニケーション入門』（pp. 215-269）創元社

西田ひろ子（2000b）『人間の行動に基づいた異文化間コミュニケーション』創元社

船津　衛（1996）『コミュニケーション・入門』有斐閣

船津　衛（2006）『シリーズ情報環境と社会心理8　コミュニケーションと社会心理』北樹出版

宮原　哲（2006）『入門コミュニケーション論』松柏社

御手洗昭治（2000）『異文化にみる非言語コミュニケーション：Vサインは屈辱のサイン？』ゆまに書房

八代京子・町　恵理子・小池浩子・磯貝友子（1998）『異文化トレーニング：ボーダレス社会を生きる』三修社

山岸俊男（編）（2001）『社会心理学キーワード』有斐閣

山岸みどり・井下　理・渡辺文夫（1992）「『異文化間能力』測定の試み」渡辺文夫（編）『現代のエスプリ299　国際化と異文化教育』（pp. 201-214）至文堂

山本眞理子・外山みどり（編）（1998）『対人行動学研究シリーズ8　社会的認知』誠信書房

マツモト，D.（2000）／南　雅彦・佐藤公代（監訳）（2001）『文化と心理学：比較心理学入門』北大路書房（Matsumoto, D. *Culture and psychology:*

People around the world. Thompson Learning.)

Adler, N. (1981). Reentry: Managing cross-cultural transition. *Group and Organizational Studies, 6,* 341-356.

Amir, Y. (1969). Contact hypothesis in ethnic relations. *Psychological Bulletin, 71,* 319-343.

Bartlett, F. C. (1932). *Remembering.* Cambridge, UK: Cambridge University Press.

Ekman, P., & Friesen, W. (1975). *Unmasking the face.* NJ: Prentice-Hall.

Fiske, S. T., & Neuberg, S. L. (1990). A continuum of impression formation, from category-processes: Influences of information and motivation on attention and interpretation. In M. P. Zanna. (Ed.), *Advances in experimental social psychology* (pp. 1-74). London: Academic Press, Inc.

Fiske, S. T., & Taylor, S. E. (1991). *Social cognition.* NY: McGraw-Hill, Inc.

Fiske, S. T., & Taylor, S. E. (2008). *Social cognition: From brains to culture.* NY: McGraw-Hill, Inc.

Hamilton, D. L., Stroessner, S. J., & Driscoll, D. M. (1994). Social cognition and the study of stereotyping. In P. G. Devine, D. L. Hamilton & T. M. Ostrom (Eds.), *Social cognition: Impact on social psychology* (pp. 291-321). London: Academic Press, Inc.

Hammer, M. R., Gudykunst, W. B., & Wiseman, R. L. (1978). Dimensions of intercultural effectiveness: An exploratory study. *International Journal of Intercultural Relations, 2,* 382-393.

Koester, J., & Olebe, M. (1988). The behavioral assessment scale for intercultural communication effectiveness. *International Journal of Intercultural Relations, 12,* 233-246.

Lustig, M. W., & Koester, J. (2006). *Intercultural competence: Interpersonal communication across cultures* (5th). MA: Allyn & Bacon.

Minsky, M. (1975). A framework for representing knowledge. In P. H. Winston. (Ed.), *The psychology of computer vision.* NY: McGraw-Hill.

Nishida, H., Hammer, M. R., & Wiseman, R. K. (1998). Cognitive differences between Japanese and Americans in their perceptions of difficult social situation. *Journal of Cross-Cultural Psychology, 29* (4), 499-524.

Oberg, K. (1960). Cultural shock: Adjustment to a new cultural environment. *Practical Anthropology, 7*, 177-182.

Ruben, B. D. (1976). Assessing communication competency for intercultural adaptation. *Group and Organization Studies, 1*, 334-354.

Rumelhart, D. E. (1975). Notes on a schema for stories. In D. G. Borow & A. Collins. (Eds.), *Representation and understanding: Studies in cognitive science*. Orlando: Academic Press.

Schank, R. C., & Abelson, R. P. (1977). *Script, plans, goals and understanding: An inquiry into human knowledge structures*. Hillsdale, NJ: Lawrence Erlbaum.

Spitzberg, B. H., & Cupach, W. R. (1984). *Interpersonal communication Competence*. CA: Sage.

Tajfel, H., & Turner, J. C. (1979). An integrative theory of intergroup conflict. In W. C. Austin & S. Worcel. (Eds.), *The social psychology of intergroup relations* (pp. 33-53). CA: Brooks/Cole.

第7章

ジェンダーとコミュニケーション

田中洋美

> ◆ あなたは自分と同じ性別の人と違う性別の人，どちらと意思の疎通がしやすいと感じるか。
>
> ◆ 男であればこうあるべき，女であればこうあるべきという考え方，すなわち，社会的なジェンダー規範は，われわれの日常生活や生き方にどのような影響を与えているだろうか。
>
> ◆ 身分証明証や履歴書等の性別欄には通常「男」と「女」のどちらかを選ぶようになっているが，はたして人は皆どちらか一方に分類されると言い切れるだろうか。どちらにも属さない人がいるとしたら，この分類法はその人の日常生活や生き方にどのような影響を与えるだろうか。

7.1. ジェンダーとは何か

　典型的なコミュニケーションの定義とは，「人々によって共有された意味が創造されるプロセス」である（鈴木, 2010：24）。コミュニケーション的行為のポイントは，意味が共有されることである。しかしながら，実際には，これがなかなかうまくいかない。なぜならば，ひとりとして同じ人間は，存在しないからである。各自の置かれた社会的状況や社会的属性，自己アイデンティティ（自分が何者であるかについての自己認識）は，多様である。複数の個人が相互的に作用するコミュニケーションの場におい

て，相手のメッセージが理解できない，自分のメッセージが相手に理解されない，相互の意思疎通がうまくいかないという問題がしばしば起きる。

　本章では，コミュニケーションの難しさについて，ジェンダーの視点から考える。ジェンダー研究という学問が成立した背景には**ジェンダー**（☞207ページ参照）に対する意識，社会的な関心が高まったことが挙げられる。ジェンダーを抜きにして社会を理解することは難しい，言い換えるとジェンダーは社会の構成要素として極めて重要である。そのようなジェンダーを理解することは，コミュニケーション的有能さ（序章を参照）を高める上でも重要である。

　まず，ジェンダーとは何であろう。一般的にジェンダーとは，「社会的に構築された性差」，つまり社会的・文化的につくられた性のありようを指す。ジェンダーと聞いて性別に基づく差別，特に男性による女性に対する差別や女性蔑視（ミソジニー）のことをまず思い浮かべるという人もいるだろう。確かに女性への差別はジェンダー構造を特徴づけており，それを無視してはジェンダーについて語ることはできない。しかしながら，ジェンダー＝女性差別という図式のみで，ジェンダーが表す多様かつ複雑な社会のありようの全体像を十分に表すことは難しい。

　本章では「社会文化的な性」としてのジェンダーを「性別の差異，違いを生み出し，保つととともに，そうした違いに基づいた不平等の関係を組織化する」（Wharton, 2005：7）社会システムとして捉える。そして社会システムとしてのジェンダーが，対人間のコミュニケーションにおいてどのような効果を持ちうるのか考えていく。

　特に，次の4点に留意してもらいたい。

　①ジェンダーには，人間（ならびにその人のパーソナリティ，役割等）を「男」と「女」に分ける差異化のプロセスを伴っている——社会規範は，構成員の生活に様々な影響を与える。ジェンダーもまた人間が自分らしく生きようとする際の足かせとなる場合がある。例えば性別に基づいた役割分担意識というものがある。それは，男はこうあるべき，女はこうあるべき，という固定観念と結びついており，それから外れた考え方や行動に対

しては社会的制裁が起きることもある。

　②ジェンダー的な視点は，「男」と「女」の間の不均衡な関係性を重視している——性役割の固定化が直接男性による女性の抑圧につながるとは必ずしもいえない。男性学の展開により男性も社会的に抑圧されているという議論が出ている。しかし女性の地位向上が政治的な争点となり，男女差別を訴える女性運動が世界各地で起きてきたことは偶然ではない。

　背景には，近代において政治や経済といった公的領域への女性の参入が大きく制限されてきたこと，また男女の人口比にはほぼ差がないにもかかわらず各国の男女に与えられる権利や資源が一様ではなかったことがあげられる。第二次大戦後は，男女平等の点で法的には著しい進歩が見られたものの，法的平等ほどには，事実上の平等は達成されていない。あからさまな性差別はなくなりつつあるかもしれないが，今も社会の様々な局面においてジェンダーの差異化（gender differentiation）が起き，そこに男女間の不均衡なジェンダー関係が見られることも多い。そのためジェンダー研究では，性別に基づく差異（gender differences）や差異化に見られるあからさまな，あるいはそこに潜む微妙な「男」・「女」間の不均衡な関係性や男性性の優位（**覇権的マスキュリニティ**（☞211ページ参照））が問題となっている（Connell, 2009）。そしてこのようなスタンスは男性の抑圧に関する分析にも貫かれている（例えば多賀，2008）。

　③「男」／「女」という分類は，いわゆる男性，女性という性別以上のものを表している——ジェンダーについて考える時，自らのジェンダー・アイデンティティにより様々な感情が内からわき起こることもあるだろう。性別を理由に差別されたことがある場合，憤りややるせなさ等を感じる人もいるかもしれない。あるいは「自分は男だけど女性差別などしていない」「自分は女だけど差別されたことなどない」と思う人もいるかもしれない。ジェンダー研究では，個人の経験に重きを置きつつ，分析にあたってはその背景にある社会的に作られた「男」・「女」，すなわち「男性性（マスキュリニティ）」・「女性性（フェミニニティ）」，そして「女性性」に対する「男性性」の優位な状態（覇権的マスキュリニティ）や，それが個人や組織に

与える影響といった個人を越えた次元の事柄も扱われている。そして，このようなより大きな社会的状況について考える際には，自らのジェンダーに対する（思い込みも含めた）考えや社会における立ち位置について省み，自らの考え方や意識を批判的に検討しながら，個人的なレベルとより大きな社会全体でのレベルを貫く形で存在する社会構造としての「男」／「女」の二分法，男性性の優位との関連性について考えることが求められている。

④「社会文化的につくられた性」や「ジェンダーの差異」とは，「男」／「女」の二分法や「男」と「女」の間の差異のみを指すのではなく，女性内部の対抗関係や多様なセクシュアリティのあり方なども問題とする――ジェンダーとは，「男」／「女」の差だけでなく，それぞれのカテゴリーの内部の差異や「男」／「女」の二分法を越えて存在する性のありようも捉えようとするアプローチである。例えば女性という社会集団内部の差異についての議論がある。そこではジェンダーが階級やエスニシティ，ナショナリティ等のジェンダー以外のカテゴリーと相互に交差し（intersect），作用することが指摘されている（McCall, 2005）。またジェンダー研究は，ゲイやレズビアンと呼ばれる同性愛者やトランスジェンダーのように身体的特徴と自己のジェンダー・アイデンティティ（性自認）が一致しない人々の存在にも着目し，ジェンダーの二分法が唯一の性的志向のあり方として異性愛に基づく男女間の性愛を前提としていること，その絶対性，普遍性に対して疑問を投げかけている。

以上述べた事柄を踏まえつつ，本章ではジェンダーという多面的かつ複雑な社会システムが個人の相互作用やコミュニケーションにおいてどのような効果を持つのか，特に「共有される意味」の形成が困難な現象や状況を取り上げ，検討する。

本章は以下のような構成を取る。まず，男女間の意思疎通の難しさについて論じる。次に，男性中心の社会や組織に見られるコミュニケーション問題を取り上げ，そこに参入する女性が経験する相互作用および女性の領域に関わりだした男性が経験する他の男性との相互作用という2つの側面

から検討する。第3に，女性内部での差異の問題である。女性同士の連帯と女性同士の相互理解の難しさについて考える。最後に，トランスジェンダーの問題を中心に，「男」／「女」の二分法を越えたジェンダーアイデンティティとそれゆえの生きにくさについて考察する。

いずれの側面においても，既存のジェンダーの枠を越えて人間が自分らしく生きようとする時に，周囲の人々や自らが生活する社会空間においてコミュニケーションのジェンダー問題が起こりうることがわかるだろう。以下，事例を通じて学んでいくことにする。

7.2. 男女間のコミュニケーション問題と女性による異議申し立て

男女のすれちがいは，日常的によく話題になるテーマである。相手が理解できない，相手に理解されない，相手と分かり合えないという悩みを抱える人は少なくないのではないだろうか。ここでは夫婦関係を例に男女のすれちがいについて考えてみよう。

＜ケーススタディ①夫婦関係におけるすれちがい～妻のストレス＞

「亭主元気で留守がいい」というTVCMから生まれたフレーズがある。1986年の新語・流行語大賞でも流行語部門銅賞を受賞したが，夫には病気になってもらっても困るが，家にいてもらうよりは出かけてほしいという妻の気持ちをコミカルに代弁したものであった。

2004年に小学館とライフバランスマネジメントというストレス診断を行っている会社が実施したアンケート調査によれば，妻が最もストレスを感じている相手は「夫」であるという（25%）。夫に次いで多かった回答は子ども（20.9%）であった。ストレス解消法については，「夫」にストレスを感じている妻の場合，「我慢する」という回答が最も多かったという（日本経済新聞，2004「亭主元気で留守がいい？ ～妻のストレス「夫」1位　解決策は「我慢する」」）。

この調査からは，妻にとって夫はストレスとなりうること，それを妻は我慢する傾向があることが伺える。なぜだろうか。

> 　長い間，日本の夫婦は，夫と妻がすれ違いつつ，不満を持つ側が「我慢する」ことで離婚に至ることは比較的少なかった。妻が我慢する理由はいろいろあるだろうが，経済的な自立ができないのが最大の理由だろう。ジェンダー的な視点からは，特に家庭内の性別役割分業とそれを支えてきた日本の社会保障制度との関連で検討する必要がある。

　近年の離婚の増加は女性が「我慢」という選択肢を選ばなくなった兆候とも読み取ることができる。現在，日本で離婚する夫婦は年間25万組以上にのぼる（厚生労働省，2009）。年間の離婚件数を婚姻件数で割ると約3割になることから，しばしば計算上は3分の1の夫婦が離婚すると言われている（ただし離婚を繰り返す「リピーター」がいるとされる。第1章参照）。

　ジェンダーの視点から離婚の申し立ての動機を見ると，男女差が大きいことは興味深い。**図1**（次ページ）は，裁判所における婚姻関係事件数を離婚申し立ての動機別，申し立て人の性別ごとに示したものである。この図からは，夫より妻による申し立て件数の方が多いこと，また申し立て動機には夫と妻で異なる傾向があることがわかる。特に，配偶者の暴力を理由とする申し立ては，圧倒的に妻の方から為されている。これは，配偶者による暴力の被害者が圧倒的に女性である（2009年度警察庁統計：98.4パーセント）ことと無関係ではない。ドメスティック・バイオレンスのような親密な関係における暴力は，女性から男性に対してふるわれることもあるが，女性が被害者となることが大半である。背景には，男性の経済的，社会的優位性がある（大海，2010）。相手の意思や感情を無視し，一方的に相手を服従させようとする暴力は，最悪のコミュニケーションのパターンであるといえる。

　性別役割分業とは，夫が主たる稼ぎ主として賃金労働（ペイドワーク）に従事し，妻はもっぱら家事育児（アンペイドワーク）を担うという夫婦間の役割分担である。こうした分業は近代家族の特徴であった。一方で，企業や政府は夫婦と子ども2人から成る世帯を標準モデル世帯とし，様々

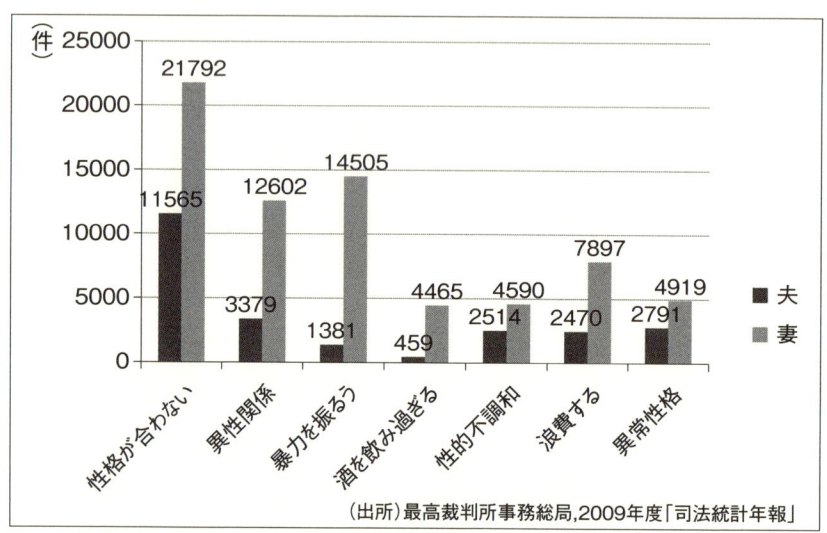

図1 裁判所における婚姻関係事件数〜離婚申し立ての動機

（出所）最高裁判所事務総局,2009年度「司法統計年報」

な施策を行ってきた。例えば，配偶者控除は，（被）扶養者となっている者がフルタイムで働くことを抑制する効果があった。同時に，夫に扶養されている妻には保険料を納めなくても年金の受給資格が与えられた。その結果，妻の就業は，年収を一定限度以内に抑えられるパートとして働くなど，家計の補助的賃金労働に留まる傾向が今も見られる。近年，配偶者がいても働く女性は増えつつあるものの，性別役割分業自体には大きな変化はないのである。

このような分業体制にあって，妻にとっては離婚するよりも我慢を選ぶ傾向があった。ひとつには，離婚しても経済的に自立することが難しいためである。日本では，学卒後フルタイムで働いていた女性が結婚や出産で労働市場から撤退した場合，同じような条件の仕事につける可能性は極めて低い。経済的自立は生きていく上で死活問題である。そのため「我慢」を選ぶ女性がいたとしてももっともであろう。

以上，夫婦関係に焦点を絞り，女性が我慢する，あるいは被害に遭うといった事例を取り上げた。しかしながら，既存の不均衡なジェンダー関係にあって，それに立ち向かうべく声を上げた女性たちもいる。

＜ケーススタディ②ウーマンリブの発生と広がり＞

　第二次大戦後，多くの国において男女の平等を達成するための法的整備は進んだ。しかしながら，法律が変わっても差別的状況はすぐにはなくならなかった。欧米諸国では1960年代に，日本では1970年代に，社会的に存在する性差別の背景にある性役割やジェンダー規範の問題を指摘し，変革を求める女性運動が起きた。いわゆる第二次女性解放運動である。この時期の女性解放運動を第二次と呼ぶのは，19世紀から存在した女性解放運動と区別するためである。第一次女性解放運動では，当時，多くの国で女性に与えられていなかった参政権や財産権といった法的地位や権利の平等が目的とされていた。第二次女性解放運動は，日本ではウーマンリブ（women's liberation movement を省略した造語）と呼ばれた。当時，女性たちはなぜ女性のみで運動を起こしたのだろうか。

> 男のね，活動家の言う人間としての中にはね，（女性は）入ってなかったんじゃないかっていう感じだったの。
> 　　　　　　　　　（ドキュメンタリー映画『Looking for Fumiko』）

> 恋愛して結婚したでしょ。（…）で，相手がそういう左翼の人だったから，（略）左翼思想にどっぷりつかったわね。でも実際の生活は全然そうじゃないでしょ。どうも色々何か良いことは言うんだけれども（…），私自身は虐げられているというか，常に馬鹿にされている。（…）とうとう別れた。それでせいせいして女性運動を始めた。
> 　　　　　（ウーマンリブに参加した女性，2002年7月17日インタビュー）

　日本では，ウーマンリブに参加した女性たちの多くは，それ以前は，1960年代に日本社会を揺るがした反権力，反戦争を掲げた社会運動に参加していた。安保闘争や学生運動等である。こうした運動に参加した女性たちは，進歩的な運動においても女性は周辺化されていることに気がついた。中心的な役割を担うのは常に男性の活動家であった。また進歩的な運動の活動家との恋愛関係や夫婦関係においても，

> そのような男女間の不均衡な関係性を感じ取ったのである。

　初期のウーマンリブの担い手は、次のように自分の体験を書いている。「男の体制の中で女は常に字余り的な存在でしかなかった。ラディカルが服を着ている新左翼にあっても、男＝闘いとして男性排外主義が貫徹され（それは現在の階級闘争の弱さの表現でもあるのだが）その中で我ら女は、女であることは背伸びして男の論理に自らを組み込むか、カッコつきの女に居直って媚びるかの二者択一を迫られる者としてあった。」(田中美津／ぐるうぷ闘うおんな、1970：308)

　男性中心の社会運動において女性たちの不満は募ったが、彼女たちの主張は運動内において受け止められる余地はなかった。「共有された意味の創造」の難しさを痛感した女性たちは、自分たちの場所、すなわち共有された意味の創造が可能な空間をつくり、自分たちの言葉で自分たちの思いを語ろうとした。こうした女性たちの主体性が、ウーマンリブという女性の集合行動の発生には大きく関わっていた。

7.3. 公私分離とジェンダー：公的領域への女性の参加と私的領域への男性の関わり

　個人のパーソナリティには様々な種類や特徴がある。それらはしばしば男らしさを構成する要素、女らしさを構成する要素に分類される。例えば「自分の信念を曲げない」「独立心がある」「スポーツマンタイプの」「自己主張できる」「自分の意見を押し通す力がある」等は男性的な要素であるとみなされる傾向がある。一方で、「従順」「はにかみ屋」「困っている人への思いやりがある」「話し方がやさしくておだやか」「温和」等は女性的な要素とされることが多い（江原・山田、2008）。

　こうしたパーソナリティの分類は、実際に個人が持っている特性というよりは、男性という集団、女性という集団の特徴を挙げたものだが、男らしさを表す要素と女らしさを表す要素の間にははっきりとした性役割が見て取れる。社会でリーダーとして活躍するのに必要とされる能力はたいて

い男性的な要素であるとされるのに対して，リーダーの指示に従う，あるいは人の世話をするといったサポート的な役割に関する要素は女性的であるとみなされている。

　こうした分担ないし分業の背景には公私分離がある。公私分離とは，近代化の産物であり，様々な社会関係が公的な領域と私的な領域に分かれていることを指す。公的領域とは社会の構成員が相互に作用しながら活動する空間であり，賃金労働や政治活動がその活動に含まれる。私的領域とは各構成員が特定の他者とともに活動する空間であり，そこには家族のような親密圏における活動が位置づけられる。近代化の過程において前者は男性の活動領域，後者は女性の活動領域とし，性別と役割が分断された。日本では明治時代以降，中央集権国家が導入した政策（性別役割分業を前提としていた民法，参政権を含め，女性の政治活動が認められていなかったこと，良妻賢母に基づく女子教育等）が公私分離をより堅固なものにした。

　第二次大戦後は，進駐軍主導による民主化により法的には女性の地位向上が進められた。日本国憲法には「すべて国民は，法の下に平等であって，人種，信条，性別，社会的身分又は門地により，政治的，経済的又は社会的関係において，差別されない」（第14条）との文言が盛り込まれ，教育基本法は教育における男女平等を謳った。家庭内の女性の地位，権利を認めていなかった民法も大部分が改正された。教育の平等の推進は女子の高学歴化につながり，また学卒後すぐに結婚せずに就職し，働く女性も増加した。政治の分野においても女性の参画が進んだ。ようやく女性にも参政権が与えられ，最初の選挙では39人の女性が国会議員に当選した。今では女性が大臣を務めるケースも珍しくない。

　しかしながら，「男らしさ」「女らしさ」と役割が固定化されていたため，性別役割分業体制には大きな変化は見られなかった。男性を企業における基幹社員，家庭における主たる稼ぎ主と見なす傾向は，戦後，高度経済成長期を経て，むしろ日本型雇用慣行制度ならびに公的社会保障制度等により，より強化された。また長い間，女性の結婚退職は当たり前とされ，現在でも出産育児を理由に退職する女性は多い。そのため女性が労働に従事

する比率をグラフ化すると，結婚，出産や子育て期にあたる20代後半から30代後半にかけて極端に数値が低くなるM字型曲線となる。また，日本は先進国といわれながらも，企業社会において女性のリーダーは現在でも少なく，企業や官庁の管理職や議員に占める女性の割合も国際比較において最低の水準に留まっている。例えば，2010年度の男女共同参画白書によれば，民間企業の部長ないし部長に相当するポジションで働く女性の割合は4.5パーセント（2009年），国家公務員管理職の場合2パーセント（2007年），衆議院選挙当選者に占める女性比率は11.3パーセント（2009年）となっている。

＜ケーススタディ③男性の領域への女性の進出＞

つい最近まで，日本では女性は結婚したら仕事を辞めるのが普通であった。それどころか，かつては結婚退職慣行を実施している企業さえもめずらしくなかった。1985年に雇用機会均等法が制定されてからは結婚退職する女性は減りつつあるとはいえ，それでも出産や育児を理由に退職する女性は現在でも多い。近年，少子化による労働力人口不足への懸念もあり，女性の労働力が社会的に有効に利用されないことへの危機感が募っている。

こうした中，職業継続の意思を持ちながら退職する女性も少なくないといわれている。ここでは杉浦（2009）の調査を基に，働き続ける意思を持った女性が退職するに至るまでの過程においてどのようなコミュニケーションが職場で見られるのか考えてみよう。

杉浦（2009）は，働き続ける意思を持っていたにもかかわらず「子どものために」退職する女性Lさんの事例を取り上げ，彼女の就業継続意欲が「子どものための退職」に変化する過程を分析している。Lさんは，妊娠がわかってからも仕事を辞めようとは思わなかったという。しかし就業継続について複数の上司に相談したところ，働き続けたいという気持ちが真っ向から否定されることはなかったが「やっぱり女性は家庭に入ってくれた方がうれしい。自分の奥さんには少なく

ともそうさせる」(p. 157) という考え方にたびたび接することになった。それは「あくまで「個人」の立場から発せられたしさんへの親身なアドバイス」(p. 157) という形を取っていた。こうした上司たちの「悪意のない」(p. 158) 発言に触れながら，Lさんの職業継続意欲は弱まっていった。働くことと出産・育児は，両立可能なものから不可能なものへと再定義された結果，Lさんは最終的には退職を決意したのである。職業継続意欲を持っていたLさんと，男性の上司たちとの「共有された意味の創造」はどうしてうまくいかなかったのだろうか。

女性の労働市場への参入や議会，審議会といった意思決定機関への参入は，伝統的に男性が支配してきた公的領域に女性が進出していくことを意味する。しかし公私分離の境界を超えること自体が「男」／「女」の平等につながるかといえば，必ずしもそうではない。境界を越え，公的領域で活動する女性は，そこで周辺化される傾向が今も見られる。女性が働くことに対する社会的認知は高まった。しかし職場という空間において，今も女性の役割を一義的に家庭に求める伝統的な価値観や規範が女性の生き方，働き方を制約することがある。

＜ケーススタディ④公私分離とジェンダー〜育児に関わる男性の場合＞

公私分離において，男性は主として公的領域に位置づけられ，一家の主たる稼ぎ主として，賃金労働に専念するという役割が与えられていることについてはすでに述べた。しかし近年，働く男性の中にも私的領域の活動である育児にもっと関わることを希望する者が増えているといわれる。公私分離の境界を女性とは反対側から（つまり「公」から「私」に）超える場合，どのような問題が生じうるのだろうか。育児休業を取得した男性の事例から考えてみよう。

経済産業省の役人であった山田正人さんは，2004年11月から1年間の育児休業を取得した。同じ職場で働く妻の淳子さんは，第一

子，第二子（双子）出産後，育児休業を取得し，育児，家事を妻が一手に引き受けた。第三子を妊娠したとき，今度は山田さんが育児休業を取得することにした。しかし山田さんの育児休業取得は，職場の内外の男性たちに驚きを持って迎えられたという。周囲からは「まさか1年だとは。せめて1カ月か2カ月では」「山田は出世をあきらめたのか」という声が上がったというのだ（山田，2008：95）。山田さんは当初「育休をとってもとらなくても，復職後の仕事のアウトプットが同じであれば等しく評価されるはず，と信じていたので，その質問の意味が分か」らなかったが，男性にとっては「日本の多くの職場では，どのような仕事のアウトプットを出したかということよりも，どれだけ私生活を犠牲にして職場に忠誠心を示したか，が評価の尺度になっているよう」であることに気付いたという（山田，2008：96）。

また育休中に霞が関で働く友人らと会った際に，いかに現在の自分の生活が満たされているかを話してみたところ，「そんなこと言っても，要するにお前は俺たちとは違う別の道を歩み始めたんだよな」「一生懸命，自己正当化しているよな」という面持ちで受け止められたのだという（山田，2006：122）。こうした経験から，山田さんは「人間というものは自分の理解できない価値観にぶつかると無視してしまうのだ」と述べている（山田，2006：122）。

山田さんは，1年の育児休業を終えて職場復帰した（2010年現在，横浜市副市長）。しかし中には育児休業をきっかけに職場を変えた男性もいる。

平野哲郎さんは，男性裁判官として初めて育児休業を取得した人物である。2001年10月，育児休業を取得した。しかし職場では少数の若い世代を除き理解してくれる同僚はいなかったという（『朝日新聞』2002「男性裁判官の育休取得　大学助教授に転身」）。上司に育休取得の意向を伝えると「難しいと思う」と言われ，同僚の多くは「裁判官やめる気か」という反応だったという。また育児休業取得にあた

っては「迷惑をかけて申し訳ない」という内容の上申書を書かされ，職場復帰にあたっては「任されていた大きな仕事からはずされ，上司の態度もよそよそしくなっていた。育児明けに遠隔地に転勤することも示唆された」という（同上）。平野さんはこう語る。「夫の育児参加という当たり前のことを異端視する価値観が嫌になった。人権保障のとりでのはずの裁判所なのに，残念でした」。結局平野さんは退職し，大学へと職場を変えたのであった。

育児休業を取得する男性は，なぜこれほどまでに職場の内外の男性たちから理解されにくいのだろうか。

従来，家事育児は女性の仕事と見なされてきたが，近年育児への積極的な関わりを望む男性も増えている。電通の調査（2009）によれば，子どもを持つ男性の5割が，20代未満男性の7割が育児休業を取得したいと考えているという。

法律的には取得可能である。育児休業の取得に関する法律として育児休業，介護休業等育児又は家族介護を行う労働者の福祉に関する法律（平成3年法律第76号），通称育児・介護休業法があり，性別に関わらず従業員（正規雇用者。ただし平成17年の改正により一定の条件を満たす期間雇用者も含まれることに）が育児・介護休業を取得できるための制度が定められている。しかしながら，実際には男性が育児休業を取得するケースは稀である。

厚生労働省の調査（「平成21年度雇用均等基本調査」）によれば，女性が育児休業を取得する比率は85.6パーセント，それに対して男性の取得率はわずか1.72パーセントである（厚生労働省雇用均等・児童家庭局雇用均等政策課，2010）。近年，積極的に育児に関わる男性は「イクメン」と称され，注目を浴びている。育児を担うのが圧倒的に女性である一方で，男性の育児参加がメディアで注目を集めるのは，男性の育児参加がなかなか進まないためである。

電通の調査（2009）では，回答者のうち子どもを持つ男性の59.3パーセ

ントが理想の育休期間を1ヶ月以上としているが，現実的に可能な期間を1週間以下とした者が69.4パーセントにものぼるという結果であった。希望と現実の間には，大きなギャップがあることを示している。

　男性ではなく女性が育児休業を取得する背景には，育児のような私的領域における再生産活動は女性が担うべきものであり，育児休業を取得するのも当然女性であるという見方，考え方がある。また男女の間の賃金格差の問題が，こうした役割分担をさらに強固なものにしているといえる。なぜなら育休を取った場合5割の賃金が支給されることから，女性（妻）よりも賃金の高い男性（夫）が仕事に残った方が経済的メリットがあると判断されるのである。とはいえ，経済的メリットの有無に関わらず，男性が（特に長期の）育児休業を取得するということは，職場のジェンダー秩序に挑戦することに他ならない。ジェンダー秩序を揺さぶることは簡単ではない。従って育児休業を取る男性たちが同じ男性たちから理解されないということが起こりうるのである。

7.4. 女性の連帯と女性同士の相互理解の難しさ

　ジェンダー研究は，フェミニズムとの関連から「男」／「女」の二分法における両者のアンバランスな権力関係を，その問題設定の中心に据えてきた。しかしながら，これはジェンダー研究が「男」「女」各々の内部の差異に気がついていないことを意味しない。むしろ，同一性内の格差や権力関係についても先端的な議論を展開してきたといってよい。特に女性という社会集団の内部の差異については，性差別撤廃を目指す女性たちによって，性差別撤廃や女性の地位の向上を目指す女性たちの運動において，活発な議論が為されてきた。専業主婦と働く女性の差異をめぐる「主婦論争」もそのひとつである。

＜ケーススタディ⑤世界女性会議に参加した女性たち～連帯の高揚と困難＞
　第二次世界大戦後，特に1970年代以降，国連は女性の地位向上

のために様々な施策を取ってきた。1975年は国際女性年とされ，メキシコシティにて第1回世界女性会議が開催された。以後，第2回（1980年，コペンハーゲン），第3回（1985年，ナイロビ），第4回（1995年，北京）と回を重ねた。その後は北京会議での成果を見直すべく，2000年に国連特別総会「女性2000年会議」（北京プラス5）が，2010年には第54回国連女性の地位委員会において「北京プラス15」に関するイベントが催された。

世界女性会議が開催された都市には，国連加盟国から政府代表のみならずNGO等，民間の女性たちも訪れた。公式会議への参加は政府代表のみしか認められていなかったが，NGOフォーラムと呼ばれる民間会議も開催されるようになり，世界各国から参加した女性たちの交流の場となった。

こうした会議に参加した女性たちは，女性の地位向上という目的を共有していることを確認しつつも，異なる国籍や文化的・歴史的背景から，いかに相互理解が難しいことかを痛感した。以下，メキシコ会議に参加した日本人女性の手記からの抜粋である。日本から参加した女性たちはどのような相互理解の難しさを経験したのだろうか。

> アメリカの女性の「先進国には先進国の新たなる女性問題がある」という主張は，同じ先進国の女であるわたくしには，わが身に重ねて理解ができた。だが「なぜ富める国になったのか，経済的侵略の問題を抜きにして女性問題を語ることはできない」とアジアやアフリカの女たちが詰め寄る。はじめは「世界会議に参加しながらなぜ，女性問題を語ることを拒むのか」と居丈高とさえ思える第三世界の女たちの異議申し立てに聾愛していたが，次第に政治問題を抜きにして語ることができないことが理解させられていった。（…）
>
> アジアの女性に「白いバナナ」と面と向かって言われたとき，痛切に悟った。アジアの国々に対して性的，経済的侵略を行う日本の政治的状況に目をつぶり，自国の豊かさの中で，ぬくぬくと生きてきたわたくしは，同じ女であっても足を踏む側にあるのだということを。

(行動する会記録集編集委員会編, 1999 : 228-229)

　世界女性会議では女性の地位向上が世界的な課題であることが認識され，問題解決のための行動綱領が採択されるなど，一定の成果を挙げた。背景には，国境を越えた女性の連帯が果たした役割も大きい。しかしながら，会議では女性同士の連帯の難しさも露呈した。冷戦時代に開催された初期の会議では，東西対立が見られた。また経済発展の南北格差は，先進諸国と発展途上国からの参加者の間の「発展」に関する意識の違いをあらわにした。結果，会議に参加した女性たちからは，「女性の連帯」や「女性」というカテゴリー自体を疑問視する声さえ起きた。

　いわゆる「第三世界」の女性たちからは，男女平等に関する国際的な議論における欧米中心主義的・植民地主義的視点や考え方に対する批判がなされた。例えば，モハンティ（Mohanty, 1991）は，「女性」というカテゴリー内部の多様性が無視され，女性の抑圧が欧米の思想的，政治的経験から一般化されると同時に，欧米以外の国や地域の出身の女性たちは「第三世界の女性」として「他者」として想定されることを批判した。またオング（Ong, 1996）は，北京会議においてもなお，欧米中心主義的・植民地主義的言説が見られたことを批判し，特に欧米の個人主義に根差した思想的伝統に基づいた女性の権利や平等に関する視点だけでは，個人よりもコミュニティーを基盤としながら平等を求めて闘ってきたアジアの女性たちの葛藤を捉えることができないとしている。

　ケーススタディで扱った日本人女性の経験は，まさにこのような分脈においてされた。歴史的・文化的に見て，非西欧圏であり，かつ軍事的・経済的に他国に進出する側となってきた日本の立ち位置が，女性たちの国境を越えたコミュニケーションに影響をもたらしたのである。

7.5.「男」／「女」の二分法を越えたジェンダー・アイデンティティとそれゆえの生きにくさ

　男女間の社会関係について考える時，人間はジェンダーの二分法的思考

に陥りがちである。多くの社会では，人間は「男」か「女」のどちらかであり，「男」であれば「女」を，「女」であれば「男」を性愛の対象とする異性愛指向（heterosexuality）を前提とする思考が極めて優勢である。しかし，**LGBT**（⇒204ページ参照）のようにこのような二分法的なジェンダーのカテゴリーに必ずしも当てはまらない人々も存在する。そのため，そうした人々が自らの存在やアイデンティティを公にした場合には，社会的に「逸脱者」と見なされる傾向がある。例えば，同性愛は現在においても複数の国々で，法的にあるいは宗教的規範により禁止されたり，社会的にタブーとなっている。近年，同性婚が欧米の一部の国や地域で認められつつあるが，ジェンダーの二分法を越えた多様な生き方や性愛の形が真の意味で受け入れられている社会は現在でも少ない。

　1990年代以降，同性愛（homosexuality），両性愛（bisexuality），また性同一障害ないしトランスジェンダー（transgender），トランスヴェスティズム（女装，男装等，異性装，transvestism, cross-dressing）などに関するゲイ・レズビアン研究や**クィア研究**（queer studies）（⇒205ページ参照）の発展が見られた。これにより異性愛的「男」／「女」だけではない，多様なジェンダー・アイデンティティや性的志向についても知られるようになっている。

　これらの研究でしばしば使われる用語に，「ヘテロノーマティヴィティ」（heteronormativity）がある。これは，性愛に関する規範がもっぱら異性愛に求められ，かつ同性愛が異性愛に対して周辺化されていることを指している。また，その周辺化の特徴として異性愛と同性愛の間には不均衡な権力関係が存在しているという意味も含まれている（河口，2003：85）。

　ジェンダー的な視点から，ヘテロノーマティヴィティに関して考えてみると，ジェンダーとセクシュアリティという2つの分断線が交錯していることがわかる。例えば，同じ同性愛者でも男性の場合と女性の場合とでは置かれている社会状況がしばしば異なっている。後者は，女性であることで，性暴力や，労働市場においては性別分離に基づく差別の被害により遭いやすい存在である。また女性だからといって彼女たちの居場所が，既存

の（異性愛女性を中心とする）女性解放運動に十分確保されてきたかといえば，そうではない（河口2003：31）。両性愛者やトランスジェンダーの場合も，ジェンダーとセクシュアリティのパターンが交差し，その抑圧や差別の構造は複雑である。

<ケーススタディ⑥「男」でもなく「女」でもなく？
～「逸脱」したジェンダー・アイデンティティとセクシュアリティ>

　1999年製作のハリウッド映画『ボーイズ・ドント・クライ』（主演：ヒラリー・スワンク，本作でアカデミー賞主演女優賞受賞）は，女性として生まれながら，男性として生きることを選んだティーナ・ブランドンの人間関係とその悲しい結末を描いた作品である。同作品を例に，人間は生まれた時点での身体的特徴により男か女のどちらかに決定されてしまい，また異性愛に基づいた男女間の性愛関係のみを「規範に見合う（ノーマル）」とする社会において，その規範から「逸脱」した人々が理解されない，受け入れられない様子について考えてみたい。

　主人公のブランドンは，女性としての肉体を持つことを隠して，男性として生きていたが，性愛の対象は女性であった。また自らのジェンダー・アイデンティティに従い，言葉づかいや服装，ヘアスタイル，身なりや行動は男性らしくしていた。そうすることがブランドンにとっては自然であったし，女性の体を持つことは悟られてはならない秘密でもあった。また自らを名乗る時には，ティーナ（女性の名前）ではなくブランドン（男性の名前）としていた。

　ある時，新しい町を訪れたブランドンは数人の男女と知り合い意気投合する。ジョンとトムとは，「男同士」の友情が生まれる。また，ジョンのパートナーの娘ラナとの間には恋が芽生える。しかしながら，彼らとの楽しい日々もそう長くは続かなかった。以前住んでいた町で起こした軽犯罪による逮捕をきっかけに，ブランドンの本名がティーナ・ブランドンであり，ブランドンが世間一般の性別でいえば「女」

であることが判明する。友人たちのブランドンに対する態度は豹変する。特にジョンとトムは，ブランドンに対して迫害ともいえる嫌がらせを始める。暴行され，身も心も傷つけられるブランドンは，最後には殺害されてしまう。なぜブランドンは，このような残虐な暴力の被害者とならざるをえなかったのだろうか。

映画『ボーイズ・ドント・クライ』は，1993年にネブラスカ州で実際に起きた事件を基に製作された。アメリカでは，ブランドンのようなトランスジェンダーや同性愛者が被害者となる暴力事件がしばしば起きており，社会問題となっている。これらの事件からは，アメリカ社会においてジェンダーとセクシュアリティに関する社会的偏見がいかに強いものであり，その規範から逸脱した人間にとって，他の人間に受け入れられることがいかに難しいかがわかる。ブランドンの生き方は世間一般のジェンダー・セクシュアリティ規範である異性愛に基づいた「男」／「女」の二分法への挑戦であり，それを絶対視する人々には受け入れがたいものであったといえる。

7.6. おわりに：ジェンダー・コミュニケーションと共有された意味の創造に向けて

ここまで，ジェンダーには「性差を生み出して保持し，その差異に基づく不平等関係を組織化する社会システム」としての側面があり，それが人々にどのようなコミュニケーション問題をもたらしうるのかを論じてきた。特に，コミュニケーションが共有される意味の創造を伴った社会プロセスであるとの視点から，ジェンダー化された社会において人々が共有する意味を作ることがいかに難しいか，事例を通じて示したつもりである。

では，なぜジェンダーはわれわれの生活，社会において共有された意味の創造を難しくするのだろうか。ここではこの問いに対する答えを十分扱うことはできないが，ジェンダーが社会的に作られるだけでなく常に再生産されているということを挙げておきたい。

フランスの哲学者・作家シモーヌ・ド・ボーヴォワールは『第二の性』において，人は「女」として生まれるのではなく「女」になると述べた（ボーヴォワール，1949［2001］）。後に成立した女性学とその後展開されたジェンダー研究においては，人間は子どもから大人に成長する過程で，家庭や学校等で，あるいはマスメディアなどを通して，人間らしい振る舞いや考え方等を後天的に学習し，男らしさや女らしさも身につけていくことが指摘されてきた。こうした学習の過程は，ジェンダーの差異を再生産する過程でもある。そしてそれはジェンダーという社会システムに組み込まれている。

　ジェンダーの差異化と再生産の過程は個人によって違うので，人間の相互作用であるコミュニケーションにおいて共有された意味の創造は容易ではない。しかし社会のジェンダー構造について理解し，一定の知識を持ち合わせることで，「男」「女」の間の差異ばかりでなく，男性の間，女性の間の差異，また「男」／「女」の分類を越えて存在する生き方への気づきになる。こうした気づきがあってこそ，コミュニケーションの要である共有された意味の創造のために有意義なステップを踏むことができるはずである。

　本章は，共有された意味の創造が困難な事例を中心として扱ったため，ジェンダー秩序の可変性，すなわちそれが変わりうるということよりその強固さの方が強調されている。しかしながら，どんな社会プロセスや社会システムも不変ではない。ジェンダーも変わりうるものである。そのようなジェンダーについて学び，コミュニケーションのジェンダー問題への対処能力を養うことは，ジェンダー化された社会において人々の相互理解を推し進め，共有された意味の創造がより円滑に為されるような社会の実現のために必要である。また人々の意思疎通や生き方を困難にする側面を持つジェンダーという社会システムの変容のために，コミュニケーションが豊かになることは大きな意味があるはずである。

◆参考文献

『朝日新聞』(2002)「男性裁判官の育休取得　大学助教授に転身」1月27日朝刊家庭欄（29面）
江原由美子・山田昌弘(2008)『ジェンダーの社会学 入門』岩波書店
大海篤子(2010)『ジェンダーの政治社会学入門』世織書房
河口和也(2003)『クイア・スタディーズ』岩波書店
厚生労働省(2009)「平成21年度「離婚に関する統計」の概況」http://www.mhlw.go.jp/toukei/saikin/hw/jinkou/tokusyu/rikon10/index.html（2010/11/21）
厚生労働省(2010)「離婚に関する統計」http://www1.mhlw.go.jp/toukei/rikon_8/index.html（2010/11/21）
厚生労働省雇用均等・児童家庭局雇用均等政策課(2010)「報道発表資料2010年7月　「平成21年度雇用均等基本調査」結果概要」http://www.mhlw.go.jp/stf/houdou/2r9852000000civ3.html（2010/12/30）
行動する会記録集編集委員会（編）(1999)『メキシコからニューヨークへ——行動する女たちが拓いた道』未来社
最高裁判所事務総局(2009)「平成21年度「司法統計年報」」http://www.courts.go.jp/search/jtsp0010（2010/11/21）
杉浦浩美(2009)『働く女性とマタニティ・ハラスメント』大月書店
鈴木　健(2010)『政治レトリックとアメリカ文化』朝日出版社
多賀　太(2006)『男らしさの社会学——揺らぐ男のライフコース』世界思想社
田中美津／ぐるうぷ闘うおんな(1970)「なぜ＜性の解放＞か——女性解放への問題提起」田中美津(2010)『新装改訂版いのちの女たちへ——とり乱しウーマン・リブ論』パンドラ／現代書館，pp. 307-340.
電通調査(2009)「News Release：「パパ男子」が今後の子育て市場の注目ターゲット」http://www.dentsu.co.jp/news/release/2009/pdf/2009093-1222.pdf（2010/11/21）
内閣府(2010)『平成22年版男女共同参画白書』http://www.gender.go.jp/whitepaper/h22/zentai/top.html（2010/11/21）
『日本経済新聞』(2004)「亭主元気で留守がいい？　～妻のストレス「夫」1位解決策は「我慢する」」9月25日夕刊社会面（10面）
ボーヴォワール(1949)／『第二の性』を原文で読みなおす会(2001)『決定版　第二の性』（全3巻）新潮社

山田正人（2006）『経産省の山田課長補佐，ただいま育休中』日本経済新聞社
山田正人（2008）「男性の育児休業取得」佐藤博樹編『ワーク・ライフ・バランス―仕事と子育ての両立支援』pp. 95-98.
Connell, R. (2009). *Gender in world perspective.* Second Edition. Cambridge: Polity.
Connell, R. W. (1987). *Gender and power: Society, the person and sexual politics.* Stanford: Stanford University Press.
McCall, L. (2005). The complexity of intersectionality. *Signs: Journal of Women in Culture and Society 30* (3), 1771-1800.
Mohanty, C. T. (1991). Under Western eyes: Feminist scholarship and colonial discourses. In C. T. Mohanty et al. (Ed.), *Third world women and the politics of feminism.* Bloomington: Indiana University Press, 51-80
Ong, A. (1996). Strategic sisterhood or sisters in solidarity? Questions of communitarianism and citizenship in Asia. *Global Legal Studies Journal 4*: 107-135.
Pilcher, J., & Whelehan, I. (2004). *50 key concepts in gender studies.* London: Sage.
Tweed, J. T. (2009). *Gendered lives: Communication, gender, and culture. 8th ed.* Boston: Wadsworth.
Wharton, A. S. (2005). *The sociology of gender: An introduction to theory and research.* Malden, MA : Blackwell.

第8章
社会ネットワークとコミュニケーション

中里裕美

> ◆ われわれはどうやって，個人の力では成しえないことを成し遂げているのだろうか？
> ◆ 友達は多ければ多いほどよいのだろうか？
> ◆ すべての知人・友人関係は，深めてゆくべきものなのだろうか？

8.1. 社会ネットワークとコミュニケーション

　コミュニケーションという言葉を聞いた時に読者は，何を想像するであろうか。人がコミュニケーションしている様子を思い浮かべてみてほしい。おそらく，家族や友人，恋人や隣人との，言葉や接触による対面的なふれあいを想像するのではないだろうか。だが，この本に収められた各論考を読み進めれば容易にわかるように，コミュニケーションという言葉は，もっと広い行為や事象を照準している。この章では，さらに別の方向から，コミュニケーションという概念に新たな視座をもたらしてみたい。それは，コミュニケーションを単発で行われる存在と考えるのではなく，複数のコミュニケーションが集まり，相互に連結している状態を想像する視座である。例えばわれわれは，知人の誰かが進学したらしい，就職したらしい，

結婚したらしいというように，ある情報を本人から直接ではなく人づてに聞くことがある。この時，人づてに情報を聞くことができるのは，別個の場所で行われたコミュニケーションが相互に連結されているからである。またわれわれはときに，知人の知人が，別の場所で知り合った自分自身の知人であるということを発見することがある（例えば，旅先で知り合った現地の人が，実は自分の友人を知っていたりする）。この現象が可能であるのも，自分と知人とのコミュニケーションを通じたつながりと，知人同士のつながりという，別個の場所に存在するものが相互に連結されているからである。このようなコミュニケーション同士の相互連関のことを，「社会ネットワーク」（social network）と呼ぶ。

　社会ネットワークには様々なものがある。送られてきた電子メールを受信者が他者に転送したなら，そこには電子メールのやり取りの社会ネットワークが存在するといえる。また，お中元シーズン中に友人知人や同僚，取引先の間でハムやコーヒー缶の贈り物がやり取りされる時，そこにも社会ネットワークがみられる。これらは回数を数えることができるコミュニケーションを相互に連結したものだが，他方で，誰と誰が友人関係や恋人関係にあるか，あるいはどのウェブサイトとどのウェブサイトが相互リンク関係にあるかといったコミュニケーションの積み重ねによる持続的な関係も，社会ネットワークにより表すことができる。社会ネットワークを構成するこの2つの事柄，すなわち回数を数えることができるコミュニケーションと，コミュニケーションの積み重ねによる持続的な関係をさしあたり区別せずに取り扱うために，社会ネットワークの議論においては，これら2つのつながりを「紐帯（ちゅうたい）」と呼びならわす。

8.2. 社会ネットワークによる行為の制約と，その力の活用

　われわれの行為は，おそらくはほぼ常に，この社会ネットワーク自体や，そこに流れる情報の影響を受けて行われる。人づてに知人が結婚したことを聞いて自分も結婚したくなる時，しがらみに満ち溢れた人間関係が嫌になってしばらく1人になるために旅行に出る時，おそらくわれわれは単に

結婚の情報の内容について判断しているだけではなく，それらの情報が特定の社会ネットワークのかたちの中で流れてきたものだからそれらに対して羨ましがったり信じたりし，また特定の社会ネットワークのかたちだからこそしがらみが生まれ，そのことが人を一人旅に出るという行為に駆り立てるのである。その意味では，われわれの行為は社会ネットワークにより制約されている。

　だがわれわれの行為を外側から制約する一方で，社会ネットワークはわれわれが何かしらの行為を行うことを可能にもしている。われわれは，他者とのつながりなしにこの社会を1人で生きてゆくことはできない。そして，他者の助けを受けるためには，具体的な行為としてのコミュニケーション，あるいは実際の結びつきとしての社会ネットワークが必要である。近年，地域での人のつながりから孤立した人びとの存在が問題になっている（いわゆる「社会的孤立」の問題）。2010年1月にはNHKが『無縁社会』と題し，そういった人びとを描いたドキュメント番組を放映して，大きな反響を呼んだ。筆者は授業でしばしばこの『無縁社会』に触れ，そこに描かれる，地域のつながりを失った人びとの醸し出す無力感に注意を促す。単身で団地に住み，ほとんど人と関わることなく生きているという取材対象の1人は次のようにさえ言う。「人とつながりがなければ，存在しないのと一緒じゃないですか」。なぜ人は，つながりを失うと無力に陥るのだろうか。もしかしたらその人は，何日でも働き続けられる体力を持っているかもしれないし，明晰な頭脳を持っているかもしれないし，お金がないわけではないかもしれない。その意味では彼／彼女は，無力ではないかもしれないにもかかわらずである。他方で，その人自身には知力や財力，体力といった観点からはたいした力が備わっていないようにみえても，仲間の助けを借りて何か大きなことを成し遂げることができる人がいる。何人もの友人に荷物の運搬を手伝ってもらって引越しをすませ，「持つべきものは友達だね」と感慨深くつぶやく時，その人は個人の力ではできないことを，社会ネットワークの力を借りて成し遂げている。この時，引越しを可能にした力はどこに存在しているものといえるだろうか。われわれは

通常，能力というものを個人に内在しているもの，あるいは個人が所有しているものと捉えている。能力に関するこのような見方を，「個体能力主義」(石黒, 1998) という。学校で受ける学力テストや体力テストはまさに個人に内在する能力を測ろうとしている。だが，社会ネットワークの力は，はたして個人に内在している，あるいは個人が所有しているものだろうか？自分の携帯電話のアドレス帳を開いてみると，そこには自分が取り結ぶ社会ネットワークを構成する諸個人の名前が並んでいる。引越しの手助けを頼む時，われわれは彼／彼女らの中から頼むべき人を選ぶだろう。その限りでは，社会ネットワークの力（この場合は人脈）は個人が持っているものといってもよさそうである。だが，選んだ相手が頼みを断ったらどうだろうか。あるいは，引越しの当日に頼んだ相手の体調が悪く，むしろお荷物になったらどうだろうか。話はとたんに怪しくなってくる。この時社会ネットワークの力は，個人に内在する／個人が所有するものというよりは，個人の間に，あるいは紐帯の中に存在するもののようにみえる。この章で社会ネットワークとしてのコミュニケーションの側面を取り扱う時，同時に能力についての，個体能力主義的な見方にも視点の変更が迫られる。

8.3. 社会ネットワークの力とその源

われわれはこれまで「社会ネットワークの力」という言葉を用いてきたが，この力は，社会ネットワークのどこに宿るものだろうか。コミュニケーションという概念がそうであるのと同様に，社会ネットワークという概念は，しばしばある種の価値判断を帯びて語られる傾向にある。コミュニケーションや社会ネットワークは，無いよりはあったほうがよいし，あるとするならば数も多い（コミュニケーションが活発である，紐帯が多い）ほうがよいとする考え方がそれである。例えば，先述した「社会的孤立」の問題に対しては，いかにして地域社会につながりを取り戻すかということが対策の指針になり，主に行政と市民社会組織の領域で様々な取り組みが行われてきた。ここでは，地域社会につながりを取り戻すための市民活動の一環として，筆者が研究している地域通貨活動に触れてみよう。

(1) 地域通貨

　地域通貨とは，ある地域やコミュニティ内に流通範囲を限定して使用される通貨の総称である。といってもわかりにくいかもしれないので，われわれがふだん使用しているお金（法定通貨）と比較して考えてみよう。われわれはお金を，国内であるならばどこに行っても使うことができる。しかし地域通貨は，東京都内や大学内といったように，予め定められた範囲内でしか使うことができない。また，ふつうのお金は銀行などに貯蓄し，利子を得ることができるが，地域通貨を貯めることはできない。さらに，商品を購入する時のやり方が大きく異なる。われわれはふつうのお金を，小売店で棚に並んでいる商品を買うために使う。結婚のご祝儀として友人に直接渡す場合もあるだろうが，それは稀なケースである。ところが一般的な地域通貨は，誰かと一対一で財・サービスを交換するために用いられる。例えば，東京都千代田区内で流通する地域通貨であるとすれば，消費者は同じ千代田区に住む誰かに庭の草むしりをしてもらい，その代価として相手に地域通貨を手渡す。そしてその者は，別の機会には車を出したりして，他者に財・サービスを提供するかもしれない。つまり地域通貨活動においては，個人は消費者であり生産者でもある。地域通貨には利子がつかないので，貯蓄に意味がなく，消費が刺激される。また使用できる範囲が限定されているので，その範囲がある地域であった場合，資本の流出を防ぐことによる地域経済の活性化が見込まれる。さらに取引は一対一の対面状況で行われるので，住民（やメンバー）間のコミュニケーションを促進し，助け合いの関係を築くことが可能である。

　地域通貨活動が持つ地域経済への影響力，あるいはより大きな社会制度に対して持つ意義に関する詳細な議論は割愛するが，少なくとも日本において地域通貨活動は，その経済的な面というよりは，地域コミュニティ内の人同士のつながりを取り戻すという社会福祉的な側面に重きを置いて展開されてきた。都市化，核家族化，晩婚化，高齢化が急速に進む近年の地域社会において，世帯当たりの人員数が減少して単身世帯が増加し，近隣の付き合いも失われていっている。単純に考えて地域通貨は，そのような

世の中においてある一定の地域やコミュニティ内の人びとを一対一で結びつけ，つながりを取り戻す手段になりうる。そのような期待に基づいて，2000年前後から日本各地で地域通貨を導入する動きが相次いだ。そしてこの時，取り戻すべきつながりとは，個人を単位にして考えた時に，彼／彼女が利用しうる，彼／彼女が直接的に取り結ぶ紐帯であると考えられがちである。つまり，つながりを失うことによって孤立した人びとは，他者とのつながりをできるだけたくさん取り戻し，そのつながりの力を利用して生きてゆくことができるとする考え方である。

(2) 社会ネットワークの関係構造

　だが，実は話はそう単純ではない。バリー・ウェルマンとジュリア・ミレーナ（1999）は，「ネットワークはその紐帯の総和以上のものである」という言葉を残している。この言葉が意味するのは，第一に，紐帯は多ければ多いほどよいわけではないということである。単純に考えると，助けてくれる人は多ければ多いほどよいようにも思える。だが，紐帯が多すぎるということはどういうことかを考えてみてほしい。師走の年の瀬に，一通一通には心を込めているつもりでも，したためなければならない年賀状の多さに辟易したことはないだろうか。紐帯は何も失わずに得て，維持することができるようなものではない。紐帯を取り結び，維持してゆくためには，時間やお金，手間などの有形無形のコストが必要になるものなのである。したがってその意味で，紐帯は多ければ多いほどよいというわけではない。第二に，紐帯はそれを取り結ぶ諸個人に常に良い結果をもたらすわけではない。例えば，友人の誰かと喧嘩してしまったとしたらどうだろうか。あるいは知人の誰かが悪い人で，その人に騙されたとしたらどうだろうか。第三に，ある個人が持つ紐帯を総和しただけでは，紐帯を取り結ぶ相手同士の間に存在しうる紐帯の，間接的な影響力を考慮しえない。これは少しテクニカルかつ理解しにくい言い回しである。この章ではコミュニケーションの相互連関のことを社会ネットワークと呼ぶといったが，個人が直接的に取り結ぶ紐帯の総和という考え方は，社会ネットワークのう

ちの一部を表現したものにすぎない。よい機会なので，社会ネットワークの構造（コミュニケーション同士の連関のあり方）を可視化して考えてみよう。まず，個人（エゴ）が取り結ぶ紐帯とは，図1のような放射線状のネットワークにより表現できるものである。それに対し，紐帯を取り結ぶ相手同士の間に存在しうる紐帯を考慮に入れた場合の社会ネットワークは，図2のようなものである。

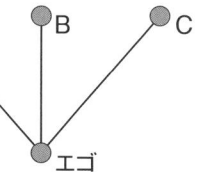

図1　エゴが取り結ぶ社会ネットワーク 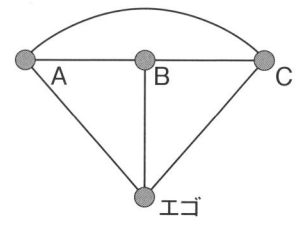　　図2　他者同士の間の紐帯を含む社会ネットワーク

　なんとなく，視覚的にその意味するところがわかるだろうか。この図において，点は人（行為者）を，線は紐帯を表す。つまり，個人が取り結ぶ紐帯は個人という点から放射線状に出る線として表現され（図1），紐帯を取り結ぶ相手同士の間に存在しうる紐帯を考慮に入れた場合の社会ネットワークは，その放射線の到達する先（他者）同士の間にも線が存在するものとして視覚的に表現される（図2）[1]。このような，社会ネットワークの関係構造を点と線の組み合わせにより表現したものを，「ソシオグラム」（sociogram）と呼ぶ。なお，ソシオグラムにおいて点（行為者）はノード，線（紐帯）はリンク，ノードのうち問題になっている個人はエゴと呼ばれる。他者同士の間に紐帯が存在しなかった場合，エゴを助けるような行為は個別に行われる。しかし他者同士の間に紐帯が存在する場合，例えばある高齢者の介護を担当するケアマネジャー[2]とホームヘルパー[3]とが綿

---

[1] なお，線の長さ・太さや直線／曲線の別，点の大きさといったものは視覚上の差異であり，実際の社会ネットワークの構造にはまったく影響がない。つまり，線が短かろうが長かろうが，細かろうが太かろうが，直線であろうが曲がっていようが，点が小さかろうが大きかろうが同じ1本の紐帯と1人の行為者を表している。
[2] 介護保険法にもとづき要支援や要介護認定を受けた高齢者に対し，支援や介護のためのプランを作成・管理する職業。
[3] 訪問介護において身体介護，家事援助などを担当する職業。

密に連絡をとって介護の方針を決める場合のように，エゴを助けるような行為は，他者同士の（エゴから見た時に）間接的なコミュニケーションによって促進されたり，逆に阻害されたりしうる。

> **エクササイズ1：**
> あなたがいま，平均して週に2回以上自発的に連絡を取っている（例えば会う，電話する，メールを送る）ような親密な知人（例えば恋人や親友。家族は除く）をリストアップしてみよう。挙げたら，上の図2にならって自分をエゴとし，リストアップした人との関係を表すソシオグラムを描いてみよう。その際に，知人同士の間にも同じように親密な関係があるかどうか（知人同士の間にリンクをはることができるかどうか）に注意すること。

（3）社会ネットワークの「効率性」

具体的に，他者同士の紐帯の存在が社会ネットワークのはたらきにとって重要である意味を説明しよう。やや乱暴に数値を挙げると，**図1**のソシオグラムにおいて社会ネットワークの「効率性」(efficiency) は 1.00 であり，**図2**の社会ネットワークの効率性は 0.33 である。そのため，単純にこの数値を比較するなら，**図1**の社会ネットワークのほうが効率性が高いネットワークである。なぜそのようなことがいえるのか，多くの読者はそう思ったに違いない。この数値は，以下のような考え方と計算法に基づいて算出されている。

まず，この2つの社会ネットワークの何が違うのかを見てほしい。エゴが持つリンクの数は両者とも同じなので，違うのは，他者同士の間にリンクがあるか否かである。なぜ，他者同士の間にリンクがあるか否かと社会ネットワークの効率性が関係するのか。ここでいう社会ネットワークの効率性とは，あるエゴが，彼／彼女を取り囲む社会ネットワークから情報を得ようとした時に，どれだけ少ないコストで多くの情報を得ることができるかという意味での効率性である。先に述べたように，紐帯はそれを取り結び，維持するのにコストがかかるものである。であるならば，エゴは，なるべく自身が直接的に取り結ぶ紐帯の数を減らし（コストを削減し），

間接的に（他者同士の紐帯から）情報を得ることによって，情報収集における効率性を高めることができよう。つまり，ある情報は，直接その相手と紐帯を取り結んでいなくても，その相手とつながっているもう1人の他者から間接的に得ることができる。例えば，自分が欠席してしまった授業の資料が欲しい時，その資料を持っているのが自分と知人関係にない他者Aであるとして，エゴはわざわざAに話しかけ，良い印象を与えて新たな紐帯をAとの間に作り出す必要はなく，そのAと（他者同士で）つながっている，エゴの元からの友人Bに，Aからその資料を借りてコピーし渡してもらうよう頼めばよい。逆にいえばこのことは，他者同士が紐帯を持っている時，エゴがもしこの他者それぞれに対して直接の紐帯を持っているとするなら，1本を除いて他の直接的紐帯は（情報収集という観点からは）冗長なものであることを意味する。このように考えると，ある社会ネットワークの効率性はエゴが持っている直接的紐帯の多さ（これは情報源の多さを意味する）から，他者同士が紐帯を取り結んでいる程度（これはその社会ネットワークの冗長性を意味する）を減じたものとして計算できそうである。具体的には，以下の式により社会ネットワークの効率性を算出する。

$$効率性 = \frac{エゴが持っている直接的紐帯の本数 - 他者同士の紐帯の数の，他者1人あたりの平均本数}{エゴが持っている直接的紐帯の本数}$$

再度注意を促すと，**図1**と**図2**の社会ネットワークにおいて各エゴが直接持っている紐帯の数は同じである。すなわち，他者間の紐帯の数が，この社会ネットワークの効率性を決めている。すべての社会ネットワークはこのような点と線の関係構造により把握することができ，かつその点と線の関係構造は計測可能である（このような分析を行うことを「**社会ネットワーク分析**」（☞208ページ参照）と呼ぶ）。この章でここまで社会ネットワークの力と呼んできたものの正体はこの関係構造であり，それらは社会ネットワークの関係構造を表す特定の指標（例えば効率性）と対応している。

> **エクササイズ2：**
> エクササイズ1で作ったソシオグラムを用いて，あなたが持つ親密な関係の社会ネットワークの効率性を算出してみよう。

（4）ソシオグラムからコミュニケーションの行われ方を見る

　点と線との関係構造としての社会ネットワークがコミュニケーションという観点から重要なのは，ある1つの社会ネットワークは同じ種のコミュニケーションの相互連関から構成されているがゆえに，ある社会ネットワークのソシオグラムを眺めれば，特定の社会文化的状況下においてコミュニケーションがどのように行われるのかということがみてとれるということである。その例として，いくつかの社会ネットワークのソシオグラムを実際に観察してみよう。

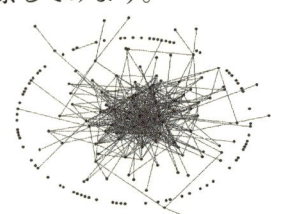

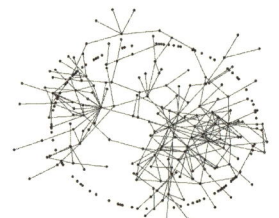

図3　地域通貨の取引ネットワーク（左：「BYTS」，右：「1むらおか」）

　左の社会ネットワークは，スウェーデンの首都ストックホルムで活動する「Bytesring Stockholm」（以下「BYTS」）という地域通貨組織における一定期間中の取引関係を描いたものであり，右は兵庫県の旧村岡町（現香美町(かみちょう)）という山間の町で現地の社会福祉協議会が運営する「1むらおか」という地域通貨の一定期間中の取引関係を描いたものである[4]。一見して

---

[4] この2つのソシオグラムは，先に挙げたエゴを中心とした社会ネットワークのソシオグラムとはだいぶ異なるものに見えるだろう。社会ネットワークは，あるエゴを取り巻く関係構造を扱う「エゴセントリックネットワーク」（またはパーソナルネットワーク）と，何らかの境界に区切られた範囲内（例えば地域通貨の流通範囲内）の関係構造を扱う「ソシオセントリックネットワーク」（またはホールネットワーク）の2つに大きく区分することができる。

明らかなことは，同じ地域通貨の取引ネットワークであっても，左と右ではそのかたちが異なるということである。左の取引ネットワークは，密なコミュニケーション（取引）が行われている1つの中心を持ち，その外側に疎なコミュニケーションが行われている周辺が存在するかたちにみえる。このようなかたちは，**社会ネットワーク論**（☞209ページ参照）では「中心─周辺モデル」と呼ばれる（Borgatti & Everett, 1999）。地域通貨組織の会員は，というよりはたいていの非営利組織の会員は，その活動への参加の程度において一枚岩ではなく，多くの場合会員の間には温度差がみられる。大学生の読者は，自分が所属するサークルやクラブ，部活動を思い浮かべてほしい。おそらく，その組織の活動に熱心に参加しているのは一部の中心的なメンバーであり，その周囲にはある程度積極的に参加する層があって，残りの大半は時折顔を見せたり，籍だけ置いていたりするような人びとであろう。「BYTS」において中心に位置するのは，組織の理事や事務作業に携わる人びとである。ふつう地域通貨組織において，組織を運営する立場の者は同時に地域通貨の利用者としても活動する。「BYTS」の理事や事務作業の従事者は，互いの間で取引というコミュニケーションを活発に行うが，他方で周辺に位置する一般会員の間では，あまりコミュニケーションは行われない（中里・平本，2008）。

　一方，「1むらおか」のソシオグラムを見ると，「BYTS」と比べて中心と呼べる部分を持たず，比較的バラけたかたちでコミュニケーション（取引）が行われているようにみえる。これは，旧村岡町がいくつかの地区に分かれており，「1むらおか」の主要な利用者である地域の高齢者が，それぞれの地区の内部で取引を行う傾向にあるためである。ストックホルムは公共交通機関が整備された都市であるが，旧村岡町は山間地域であるためそうではなく，乗用車を持たなかったり乗らなかったりする高齢者にとっては，離れた地区に行き来するのは簡単なことではない。そのため「1むらおか」のソシオグラムには特定の中心部が存在せず，コミュニケーションは社会ネットワークの局所に分散したかたちで行われることになる。

(5) 社会ネットワークの「密度」

さらにもう1つ別種の社会ネットワークのソシオグラムを挙げてみよう。

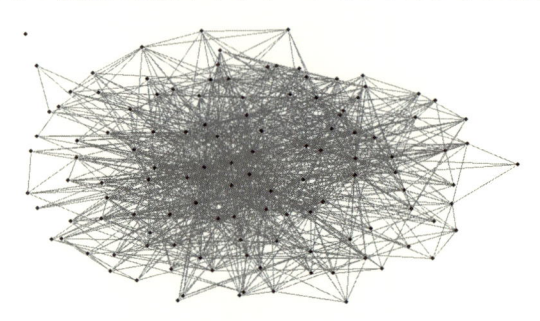

図4　現代日本映画で共同製作をしている会社のネットワーク

これは，2000年～2007年の各年度に興行成績が上位30位までにランキングされた日本映画240本のうち，同期間に少なくとも2本以上映画製作を行った123社の会社間の関係を示している。つまりノードは映画製作会社であり，リンクは2本以上の映画を共同製作した関係を表す（Wakabayashi et al, 2010）。これまでは個人を行為者（ノード）の単位とした社会ネットワークを取り扱ってきたが，この映画共同製作ネットワークのように，行為者は個人ではなく組織や集団であってもよい。明らかにこの社会ネットワークは，比較的かたまってコミュニケーションが行われているようにみえた「BYTS」の取引ネットワークよりもさらに凝集的なものになっている。ことに，「BYTS」の取引ネットワークの場合は周辺部の間ではコミュニケーションが存在せず，そのため枝が伸びるように中心部から周辺部にリンクがはられていたのに対し，この映画共同製作ネットワークにおいてはそもそも周辺部が存在せず，ほとんどすべての行為者の間に一定量のリンクがはられている点に大きな違いがみられる。この社会ネットワークの凝集性は，「密度」（density）という指標により測ることができる。

密度の高い社会ネットワークの中にいるとはどういうことかを想像してみよう。都会で暮らす時と田舎で暮らす時とでは，どちらがより人間関係が密で，その「密」であるという感覚はどのようなことによりもたらされ

るのだろうか。田舎暮らしの経験がある読者なら賛同してくれるはずだが，明らかに人間関係は田舎のほうが密である。そしてその感覚は，たんに自分（エゴ）がたくさんの近隣住民を知っているからというだけではなく，近隣住民（他者）の間も互いに知り合いであるため，人間関係の網の目に編みこまれているから生じるものだろう。つまり密度の高い社会ネットワークとは，存在する行為者の数に比して紐帯の数が多い社会ネットワークである。これは，非常に単純な計算により求められる。

$$\text{社会ネットワークの密度} = \frac{\text{実際に存在する紐帯の数}}{\text{ネットワーク内のすべての2者間の組み合わせの数}}$$

「組み合わせ」の数というと，コンビネーションを用いた計算が思い浮かぶかもしれないが，社会ネットワークにおいてはもう少し簡単に，ネットワーク内のすべての2者間の組み合わせの数を出すことができる。ある社会ネットワーク内のノードの数がnであるとき，ネットワーク内のすべての2者間の組み合わせの数はn（n − 1）÷ 2である。なぜなら，2者間の組み合わせは，誰かが他の誰かに1本のリンクを出すことによって成立する。いま，あるエゴは，自分自身を除いたn − 1人の他者に対してリンクを出すことができるが，そのエゴは当該のネットワーク内にn人いるので，まずn ×（n − 1）を考えることができる。ここで，n ×（n − 1）という式のままでは，あるノードAからBに対して出したリンクと，BからAに対して出したリンクが重複して数えられてしまうという問題が生じる。そのため，n（n − 1）÷ 2という式によって，ネットワーク内のすべての2者間の組み合わせの数を計算することができる。この式によって「BYTS」の取引ネットワークと映画共同製作ネットワークの密度を求めると，「BYTS」取引ネットワークの密度 = 0.016に対して映画共同製作ネットワークの密度 = 0.165になる。つまり，「BYTS」取引ネットワークが，存在しうる組み合わせの数およそ60について1本の紐帯しか存在しない一方で，映画共同製作ネットワークの場合はこの比率がおよそ6：1になる。

> **エクササイズ3：**
> エクササイズ1で作ったソシオグラムを用いて，あなたが持つ親密な関係の社会ネットワークの密度を算出してみよう。

(6) 社会ネットワークの「距離」

　さらにこの構造の違いは，社会ネットワーク内の任意の2者の間がどれだけ離れているかという，ネットワークの「距離」(distance) とも関係する。距離とは，リンク1つあたりの長さを1とした時に，あるノードとノードの間がどれだけ社会的に離れているかを測る指標である。親族関係をあらわす親等図を見たことがあるだろうか。親等図においては，親—子や子—孫といった直接の血縁関係の距離を1（1親等）で表す。親族関係において近しい間柄であるという時，われわれはふつう親子や兄弟姉妹といった関係を思い浮かべるであろう。本人からみて従兄弟（姉妹）は4親等になり，このへんになってくるとわれわれは縁が遠くなってきたと感じるであろう。

　社会ネットワークにおいてエゴと直接のリンクで結ばれている相手との距離は1であり，もう1本リンクを継ぎ足すことで間接的に到達できる相手との距離は2である。ある者とある者の間に複数の経路がある場合には話が少しややこしくなるが，その場合はもっとも短い経路を探し，その長さを二者間の（最短）距離とする。このようにしてある2者間の社会ネットワークにおける距離が算出されるが，この考え方は，社会ネットワーク全体にも拡張可能である。すなわち，ある社会ネットワークが存在する時に，それはどの程度の距離で人びとが結びついているものなのか。こう考えた時に，もっとも距離が長くなるのは点と線が一直線に並んでいる場合である（図5）。

図5　線型ネットワーク

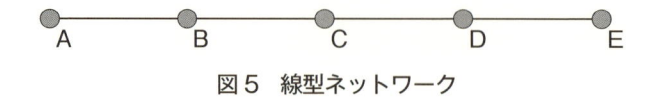

平たくいえばこれは，バケツリレーや伝言ゲームを行う時の並び方である。伝言ゲームがゲームとして面白いのは，ある情報が社会ネットワークの端から端までリンクを辿って到達する時に，その情報がたいていの場合，1つリンクを辿るごとに不正確になっていくからである。つまり伝言ゲームは，それを行う人びとの（情報伝達という）コミュニケーションを相互連関した時に，社会ネットワークの距離を最長にすることによって成立する遊びである。他方，社会ネットワークの距離がもっとも短くなるのは，すべてのノードの間に直接のリンクが存在する（したがって密度が1である）場合である（**図6**）。なぜなら，すべてのノードの間に直接のリンクがあれば，あらゆる2者間の距離がもっとも短い1になる。

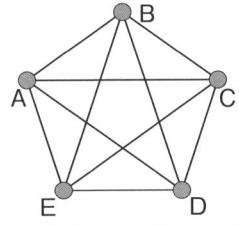

図6　密度＝距離1のネットワーク

　すでに明らかなように，周辺部に枝状にリンクが伸びているため，行為者間が線状の関係になりやすい「BYTS」と比べて，密につながっている映画共同製作ネットワークのほうが距離が短くなると考えられる。具体的にネットワーク全体の距離を求める際には，以下の式が用いられる。

$$\text{ネットワーク全体の距離} = \frac{\text{ネットワーク内のすべての2者間の距離の総和}}{\text{ネットワーク内のすべての2者間の組み合わせの数}}$$

　「BYTS」の取引ネットワークについて距離を計算すると2.8になり，他方で映画共同製作ネットワークの距離は1.9である。つまり，ネットワーク内の任意の2者を選んだ時，その間は「BYTS」の取引ネットワークにおいては平均して2.8人でつながっているのに対して，映画共同製作ネットワークにおいてはそれよりも約1人(社)少ない平均1.9人(社)でつながっている。

8.4. 社会ネットワークの力を活用する能力

　われわれはここまで，点と線の関係構造としての社会ネットワークの力をいくつかみてきた。次に，それらの力を活用するためには何が必要かということを考えてみたい。繰り返し述べてきたように，社会ネットワークがわれわれの行為やコミュニケーションに対して及ぼす制約の力と，われわれが行為やコミュニケーションを行う時に利用することができる社会ネットワークの力とは表裏一体の関係にある。例えば，社会ネットワークの距離について考えてみよう。

　ある個人を取り巻く社会ネットワークの距離が短いということは，その中である人が次の行為やコミュニケーションを行う際に，社会ネットワーク全体の影響を受けやすいということである。ある情報はネットワークを辿って伝播するが，もちろんその影響力は経路が長くなれば長くなるほど減少する。一般に，社会ネットワークの影響力は3次（つまり距離3—知人の知人の知人）にまで及ぶといわれている（Christakis & Fowler, 2009）が，あまり距離が遠くなると，そもそも影響が及ばなくなる。したがって社会ネットワーク全体の距離が短い時，エゴは単に隣接する人びとの影響を受けるだけではなく，社会ネットワーク全体によってその行為やコミュニケーションを制約されやすくなる。他方，距離が短いことは個人にとって，自らの影響を社会ネットワーク全体に及ぼしやすくするという利点を与えるだろう。ここでいう影響を「及ぼしやすい」とは，次の2つの事柄を意味している。第一に，距離が短ければ自らの影響が迅速に社会ネットワークの端にまで及ぶことになる。第二に，距離が短ければ自らの影響が正確に社会ネットワークの端にまで及ぶことになる。これは，伝言ゲームの例を電話の連絡網に置き換えてみるとわかりやすい。筆者が子どもの頃は，学校の休校などの連絡は，クラスのメンバーの電話番号のリストを使って上から順に連絡を回してゆくかたちで行われていた。このように連絡を回してゆくと，当然最後まで伝達するのに時間がかかるし，伝達される情報は途中で変化しやすい。それに対し，メーリングリストを使って電子メールを一括送信できる今の世の中では，情報が伝達される速度は一瞬であり，

その内容は途中で変化しない。社会ネットワークの距離が短い場合，メーリングリストを使って一括送信できる立場に自分がいると考えればよい。

(1) バートの「構造的すき間」論

　社会ネットワークの力に関するこのような見方は，言い換えれば，ある社会ネットワークの構造や，その中での個人の位置が社会ネットワークの力となると考えるものである。このような考え方をもっとも先鋭的に表している学者の1人に，ロナルド・バート（Ronald Burt 1949-）という社会学者がいる。彼は，「構造的すき間」（structural holes）理論と呼ばれる考え方を展開する中でこの主張を行った。バートは，社会ネットワークの力がどこに宿るのかを考える。従来，社会ネットワークの力に関する議論の中では，閉鎖的で密な社会ネットワークが力を持つと考えられることが多かった。例えば社会学者ジェームズ・コールマン（James Coleman 1926-1995）は，高校生の学業成績や中退率といった数値が，当人が（家族や地域コミュニティなどの）閉鎖的で密な社会ネットワークに組み込まれていることによって改善されることを示した（Coleman, 1988 = 2006）。確かに，閉鎖的で密な社会ネットワークの中にいることによって社会集団に強く統合されていると，その社会集団の人びとから強力な支えが得られることはありそうである。だがバートは，閉鎖的で密な社会ネットワークの中にいることが，むしろ行為者を害する方向にはたらくこともありうると考える。例えば閉鎖的で密な社会ネットワークは，その中に組み込まれる行為者に強い社会集団への同調の圧力をかけ，行為者の個性を消してしまうかもしれない。そのような社会ネットワークの中では，誰かが新しいアイデアを出したり，他の人が思いつかないような行動に出たりする機会が失われてしまう。バートにいわせれば，人や集団を利する可能性は閉鎖的で密な社会ネットワークの中にではなく，むしろ社会ネットワーク内の紐帯が存在し・な・い・場所（「構造的すき間」）にこそ宿っている。

　図7のソシオグラムにはA〜DとF〜Iの2つの小集団が含まれるが，2つの間には直接の紐帯が存在せず，Eが間を介さなければ交流すること

ができない。この時，直接の紐帯が存在しない場所，すなわちA～DとF～Iの間(Eの周囲)が構造的すき間である。ここで、「次数中心性」(degree centrality)という指標を紹介しておこう。次数中心性とは，ある行為者が直接的に取り結ぶリンクの本数により算出される，保持するリンク数が多いためにその行為者が社会ネットワーク内で中心的である度合いである。次数中心性は確かにある行為者が活用できる社会ネットワークの力の指標だが，先にも述べたように，リンク数は多ければ多いほどよいというわけではない。この社会ネットワークにおいては，A～DとF～Iがそれぞれ3、Eが2の次数中心性を持つ。つまり，単純に次数中心性で比較すれば，Eはこの社会ネットワーク内でもっとも力の弱い行為者である。だがバートにいわせれば，EはA～DとF～Iの間の構造的すき間を「橋渡し」できる（社会ネットワーク論ではこのことを「ブリッジになる」という）という意味で他の行為者よりも有利な位置を占めている。なぜならEは，A～DとF～Iが個別に持っている情報の唯一の仲介者であり，それゆえ漁夫の利を得ることができる可能性がある。A～Dのうちの誰かがある授業の講義ノートを，F～Iの誰かが別の授業の講義ノートを持っており，2つの小集団がそれらの講義ノートを交換したいと考えたとしよう。当然のことだが，その際に2つの小集団は必ずEを仲介役に立てなければならない。Eは2つの講義ノートを入手できるだろうし，なんらかの中間マージンを得ることもできるかもしれない。要するにEは，自分が唯一の仲介者であるために，2つの小集団を一定程度操る力を持つのである。このようなすき間の存在は，それをブリッジする特定の個人を利するのみならず，集団全体にとっても良い結果をもたらしうる。誰かが誰かより(社

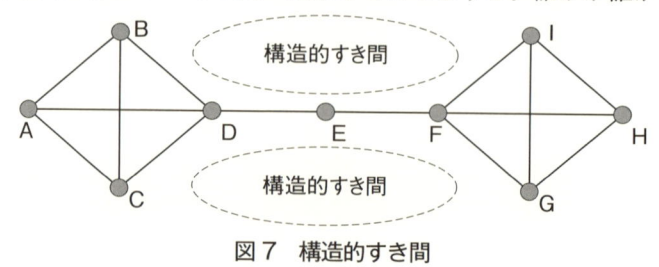

図7 構造的すき間

会ネットワークの力を活用するにあたって）優位に立つことにより社会ネットワークの中で競争が生じ，異質な人びとの交流（競争や新規な情報の交換）が生まれるほうが，同調への圧力がかかることにより同質的な人びとが同じ情報を内部で循環させるだけの閉鎖的で密な社会ネットワークより優れた結果を生み出すことができるというのが，バートの議論の要点である。

(2) グラノベッターの「弱い紐帯の強さ」論

　バートと似たような問題提起を行った学者として，マーク・グラノベッター（Mark Granovetter 1943-）の名前を挙げないわけにはいかないだろう。彼が1973年に著した論文で提起した「弱い紐帯の強さ」（The strength of weak ties）理論（Granovetter, 1973）は，いまだ社会ネットワーク論の分野で大きな影響力を保ち続けている。グラノベッターもバートと同様に，社会ネットワークに関する一般的な見方に疑問を呈するところからその議論を始める。従来，ある個人にとっての力になるのは，もっぱら親密で接触の頻度が高い紐帯（「強い紐帯」）であると考えられてきた。なるほど，確かにわれわれは父や母，子や親友，恋人と強く結びつき，彼／彼女らから精神的な安寧を得たり，衣食住を提供してもらったり，人生の相談を聞いてもらったりして，非常に多くの援助を受けている。だが，それらの関係に偏重して他の種の関係性が持つ意味をないがしろにするのは，短絡的かもしれない。

　グラノベッターが論じたのは，家族に代表される第一次集団に類するものが「強い紐帯」により結びつけられているのは当然として，「強い紐帯」により結びつけられた社会集団の間をつなげるのは「強い紐帯」ではなく，疎遠で接触の頻度が低いような「弱い紐帯」になるであろうということであった。なぜなら，「強い紐帯」があるエゴから2本出ていると，相手の他者2人の間も結びつけられやすい傾向にある。自分の今の時点での親友を2人思い起こして，その2者の間に何らかの結びつきがあるか否かを考えてみればよい。おそらく，2者がまったく知らない間柄であることは少

ないはずである。つまり,「強い紐帯」が2本存在すると3者関係（これを社会ネットワーク論では「クリーク」という）が形成され,その集団が内部に閉じてしまい,外部には開かれない傾向にある。そうであるとするなら,その社会集団の「間」をとりもつのは,「弱い紐帯」になるであろう。

このソシオグラムにおいて,実線は「強い紐帯」を,破線は「弱い紐帯」

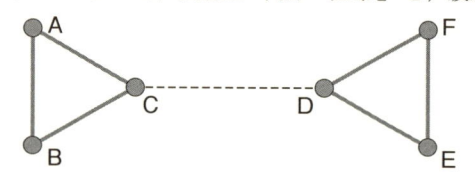

図8 「弱い紐帯」による集団間の結びつけ

を表す。A〜Cの小集団とD〜Fの小集団の内部を結束させるのは「強い紐帯」であり,その間をつなぐのが「弱い紐帯」になる。グラノベッターはボストン近郊に住む転職経験者たちを対象に転職に際してどのような情報源を利用したかを調査し,その結果,転職の機会となる情報をもたらしたのは多くの場合「強い紐帯」ではなく,「弱い紐帯」であったことを確かめた（Granovetter, 1995 = 1998）。考えてみると確かに,閉じた親しい人びとの間では情報が循環するだけで,新しい情報はもたらされにくい。

8.5. まとめ

この章では,コミュニケーションの相互連関としての社会ネットワークという考え方を紹介し,社会ネットワークの力がその中に編みこまれるわれわれ日常生活者の行為やコミュニケーションを制約していることと,逆にわれわれは社会ネットワークの力を活用して個人では成しえないようなことを成すことができることを説明した。また,そのような社会ネットワークの力はその点と線との関係構造に宿るため,われわれが社会ネットワークを活用する能力は当該の社会ネットワークの関係構造や,その中での自己の位置に依存することを述べた。あるエゴの持つ能力が他者との関係構造やその中でのエゴの占める位置であるとするなら,その能力はエゴを利するものではありえても,エゴが個人として持っているものとはいいが

たい。われわれが俗にコミュニケーション力と呼びならわしているものも，実は他者との関わりの中にある。例えば，次のような状況を想像してみてほしい。ある閉鎖的で密な社会ネットワーク（例えば家族や村落）の中に組み込まれて育ったエゴがいる。そしてこの閉鎖的で密な社会ネットワークは，ブリッジ（例えば弱い紐帯）により外部と接続していないものとする。このエゴは自分を取り巻く社会ネットワークの力により，多様な情報を摂取することができず，偏狭な考え方や価値観を持つ人間に育った。そのような人にとって，多様な考え方や価値観を持つ人と関わり，つながりを作るのは難しいだろう。この時，それらの人びとになかなか溶け込めないエゴはコミュニケーション力が低い人とみなされるかもしれない。逆の状態を想像しよう。もともと人と関わるのが好きではなく，友人も少ないエゴがいる。このエゴの数少ない友人AとBが（AとBは知り合いではない）たまたま2つの集団にそれぞれ属しており，他にこの2つの集団をつなぐ人がいないので，エゴが仲介者になったとする。エゴは仲介者としての位置を利用して2つの集団の間をとりもち，それらに影響力を及ぼすことができる。この時，傍からみるとこのエゴはコミュニケーション力に優れた人にみえるかもしれない。

このように，コミュニケーションがうまくいったりいかなかったりすることは，個人の内部に存在する能力に帰属されるものであるというよりは，他者との関係の状態に帰属するものである可能性がある。ただしこの問題は，コミュニケーション力が足りないのは個人のせいではなく社会あるいは環境のせいだというような，単純な二律背反的な見方で片づけられるべき事柄ではない。われわれはこの章で「効率性」や「密度」，「距離」といった指標の計算を通じて，その社会あるいは環境と呼ばれるものの中身は具体的に何なのかを科学的に探究する方法の一部を学んだ。コミュニケーションを学ぶ者にとって大きな障壁となるものの1つは，学ぶ対象としてのコミュニケーションがあまりにも日常にありふれたものでありすぎるがゆえに，それに対する日常的なものの見方がどうしてもバイアスとしてかかってしまう点にあるだろう。単発の，体面的なものとしてのコミュニケ

ーション観に対するコミュニケーションの相互連関としての社会ネットワークの考え方，人とのつながりは多いほどよいという見方に対する関係構造の視点，人とのつながりは密であるほどよい，強いほどよいという見方に対する構造的すき間理論や弱い紐帯の強さ理論，個体能力主義を越えた関係や環境にひらかれた能力観といった，この章で紹介してきた考え方は，まさにこのバイアスを乗り越えてコミュニケーションを学問として学ぶための訓練を行うために提出したものである。

　社会人になると一生付き合う友人はできないのだから，真面目に授業を受けるよりは友人と遊んで経験を増やしたほうがよい。就職試験で評価されるのはどれだけ成績が優秀かではなく，どれだけコミュニケーション力があり人脈を持っているかである。大学教育の現場にいると，いろいろな人の口からこういったニュアンスの言説を聞くことがある。筆者はこれらの言葉を頭ごなしには否定しないが，ひとついえるのは，この章でみてきたように，「コミュニケーション力があり人脈を持っていること」の中身とその意味が，そもそもひとつの社会学的な研究対象でありわれわれはそれを学ぶことが可能だということである。上記のようなことを主張したい人は，いったんその言葉を飲み込んで机に向かい，騙されたと思って社会ネットワーク論の本を開いてみてほしい。そこに読者は，自分が主張したいことの中身と意味を学ぶための豊富な資源を見出すことができよう。

◆**参考文献**

　石黒広昭（1998）「心理学を実践から遠ざけるもの：個体能力主義の興隆と破綻」佐伯胖・宮崎清孝・佐藤学・石黒広昭（編）『心理学と教育実践の間で』pp. 103-156, 東京大学出版会

　クリスタキス，N., ファウラー，J.（2009）／鬼澤忍（訳）（2010）『つながり―社会的ネットワークの驚くべき力』講談社（Christakis, N. & Fowler, J. *Connected: The surprising power of our social networks and how they shape our lives.* Little, Brown and Company.）

　金光淳（2003）『社会ネットワーク分析の基礎―社会関係資本論にむけて』勁草書房

コールマン，J.（1988）／金光淳（訳）（2006）「人的資本の形成における社会関係資本」野沢慎司編・監訳『リーディングスネットワーク論—家族・コミュニティ・社会関係資本』勁草書房（Coleman, J. Social capital in the creation of human capital. *American Journal of Sociology, 94*, 95-120.）

中里裕美・平本毅（2008）「スウェーデンと日本における地域通貨システムの比較—社会的効果を考慮した地域通貨システムの設計に向けて」『地域学研究』38（2），pp. 499-511.

平松闊・鵜飼孝造・宮垣元・星敦士（2010）『社会ネットワークのリサーチ・メソッド』ミネルヴァ書房

安田雪（1997）『ネットワーク分析—何が行為を決定するか』新曜社

安田雪（2001）『実践ネットワーク分析—関係を解く理論と技法』新曜社

安田雪・金坂秀雄（2005）「ネットワーク分析用ソフトウェア UCINET® の使い方」『赤門マネジメント・レビュー』4（5），pp. 227-260.

デノーイ，W., ムルヴァル，A., バタゲーリ，V.（2005）／安田雪（監訳）（2009）『Pajek を活用した社会ネットワーク分析』東京電機大学出版局（de Nooy, W., Mrvar, A., & Batagelj, V. *Exploratory social network analysis with Pajek*, Cambridge. UK：Cambridge University Press.）

グラノベッター，M（1995)／渡辺深（訳）（1998）『転職—ネットワークとキャリアの研究』ミネルヴァ書房（Granovetter, M. *Getting a job*. Chicago, IL：University of Chicago Press.）

Borgatti, S., & Everett, M.（1999）Models of core/periphery structures. *Social Networks, vol.21*, 375-395.

Burt, R.（1992）*Structural holes: The social structure of competition*. Cambridge, Mass.：Harvard University Press.

Granovetter, M.（1973）The strength of weak Ties. *American Journal of Sociology, vol.78*（6），1360-1380.

Wakabayashi, N., Yamada, J., Yamashita, M., Nakamoto, R., & Nakazato, H.（2010）Japanese films strike back: Development of promotional alliances in the Japanese film industry in the 2000s. *Kyoto University Graduate School of Economics Discussion Paper Series No. E-10-009*.

Wellman, B., & Gulia, M.（1999）The network basis of social support: A network is more than the sum of its ties. In B. Wellman（Ed.）, *Networks in the global village*（pp. 83-118）NY：Perseus Books.

◆キーワード解説

LGBT (Lesbian, Gay, Bisexual and Transgender)

レズビアン，ゲイといった同性愛者，両性愛者，トランスジェンダーの人々の総称。それぞれの英語の頭文字を取った造語。北米においてはクィアという表現もある。[7章]

内集団バイアス (ingroup bias)

人は合理的に推論したり，判断するという前提でこれまで多くの理論が構築されてきたが，実際は人の認知には様々なバイアス（偏り）があることが指摘されている。内集団バイアスも認知バイアスの1つであり，帰属に関する偏りを指す。人は，自分の所属する集団に愛着を持ったり，帰属意識を持つ。そして，自分が帰属している集団（内集団）には好意的な態度や協力的な行動をする一方，内集団以外の集団（外集団）には非好意的な態度を取る傾向がある。これを内集団バイアスという。特に，外集団に対して，競争的・敵対的行動や差別的な態度を取ることもあり，「内集団ひいき」とも呼ばれる。

内集団バイアスの原因は，自己評価を高めようとする動機にあると考えられている。そして，自己評価が脅かされる場合（例えば，他の集団との競争）や，集団への自己同一視が大きい場合（例えば，あるスポーツの選抜チームの一員など，集団のメンバーであることが重要な場合）ほど内集団バイアスは現れやすいと言われる。[6章]

関係 (relationship)

人間関係の維持には，相反する因子がある。例えば表現力と自己防御，自律性と一体性などである。そうした中で，互いの「フェイス（面子・面目）」の維持に注意を払い，それを脅かす要因についてはポライトネス（丁寧さの表現行動）を考慮した脅威軽減を図ることが行われる。「関係」は変化して，いくつもの段階に移行する。それぞれの時期の維持の度合いは引き合う力（attraction）に多くを依存する。初期段階において「引き合う」というのは，フィルター理論では，一連の条件・項目の「フィルター」を用いてどれだけ近

くにいたいと思うかを判断していく過程である。関係維持の方策として，肯定的であること，開放的であること，確信・落ち着き，ネットワーク，作業共有，摩擦・もめ事の管理などがあるが，「自己開示」が基本的な要素である。そして，「立場」を考えるより，相互の利益を優先させる方が有意義と考えられる。

[2章]

技術決定論（technological determinism）

技術のあり方が，その技術を土台として成立する社会のあり方を決定するとする考え方。こうした考え方には異論が多いが，メディア論は本質的に技術決定論の主張である。ただし，あらゆる事象が技術によって一義的に決定されることをメディア論が主張しているわけではない。本文で解説した通り，技術によって決定されるのはあくまでもコミュニケーションの基本的なあり方である。

[4章]

恐怖アピール（fear appeal）

恐怖を喚起する説得メッセージを指す。弱い恐怖の方が効果的な場合が多く，強い恐怖はメッセージ発信元に対する反発や拒否反応を招く場合も多い。効果的な恐怖喚起メッセージとは，受け手にとって個人的な関係があり，重大な脅威を持っており，実際的かつ効果的な防衛手段が示された場合である。例えば，このままの経済発展を続ければ地球環境の悪化によって，百年以内に人類が絶滅すると論じても，現実味がないだけでなく，どうすれば危機を回避できるかわからないため，反発を買うだけに終わる可能性が高い。[1章]

クィア研究（queer studies）

ジェンダーおよびセクシュアリティに関する学際的な研究領域。その理論体系をクィア理論と呼ぶ。英語の「クィア」（queer）は「変わり者」を意味し，同性愛者に対する差別語であった。1990年以降，あえてこの呼び名を自ら用いることでLGBTを可視化し，既存の性規範の見直しを訴える運動がアメリカ等の欧米英語圏で発生した。アメリカでは1990年代に多くの大学でクィア研究が導入されるなど，学問的にも急速に確立されていった。ゲイやレズビアンといった同性愛者による運動やそれを基に広がったゲイ・レズビアン研究を

基にしつつ，同性愛のみならず多様な性志向やジェンダー・アイデンティティ，性的欲望のありようも取り込む形で，ゲイ・レズビアン研究を批判的に発展させてきた。［7章］

権限委譲（empowerment）

チームやメンバーに裁量権を与えること。階層構造がしっかりしていて，各階層の管理職のみがその職責をもってコーディネーション（調整）とモニタリング（監督）の業務を行うような組織は，権限移譲がなされていない組織である。一方，組織構造がフラット（階層が少ない）で，コーディネーションとモニタリングの業務を管理職ではないメンバーが行う程度（自律性）が高い組織は，権限移譲の大きい組織である。チームの自律性の程度も，権限委譲の程度によって異なる。なお権限委譲は「エンパワーメント」の一部の意味にしかすぎず，組織論における広い意味の「エンパワーメント」は「自律性」の他に，個人やチームが有している「能力・適性」，「仕事の意義・重要性」，「組織に与える影響」を意味する。［5章］

コミュニケーション的行為（communication action）

ユルゲン・ハーバーマスが設定した行為類型の一つで，他者との了解や合意を志向する行為をいう（了解志向型行為）。他になんらかの目的の実現を目指す「目的論的行為」，自己の利益の拡大を目指す「戦略的行為」，自己呈示や印象操作を行う「演劇論的行為」，社会規範に制御された「規範に規制された行為」の4つがある。これら4つの行為類型は，「了解」ではなく何らかの「成果」を志向する行為である。［3章］

コミュニケーション信頼（communication trust）

レイナとレイナ（2006）によると，コミュニケーション信頼は，情報公開に対する信頼で，情報共有，真実を述べる，間違いを認める，建設的フィードバックを与える・受ける，秘密を守る，健全な目的をもって話すことで獲得される。契約的（contractual）信頼と能力（capability）信頼と併せ，この3つが組織における取引的信頼（transaction trust）と呼ばれる。［5章］

コンテクスト (context)

　コンテクストはいくつかの種類に分類されるが，特に，文化のコンテクストは談話の様々な「タイプ」に深く関わり，一方，状況のコンテクストは「スタイル」に関わると分析される。さらに，狭い意味での伝達手段の単位，句，発話，文等を支える諸要素を指すこともある。そして，「目的」や人間関係での相互の「役割」での誤解からコンテクストの取り違え等の過ちも起こる。共有知識を維持しようという「間主観性」の働きが誤解につながる例は，2章3節(5)を参照。また，特定の背景内で共有される合図表現をお互いが用いる事例は，「コンテクスト化」と呼ばれる。話し手の持つ特定のコンテクストへと導くためのものである。さらに，コードスイッチングや，レジスター，バーナキュラー（2章3節(3)を参照）などの変異形も現れる。［2章］

ジェンダー (gender)

　文化的・社会的に形成される性。本来，インド＝ヨーロッパ語に見られる名詞の性を指す文法用語。通常，オス／メスといった身体的な性別であるセックス（sex）と区別して社会的に構築された性を示す用語として用いられる。セックスとジェンダーの区別については，両者が完全に区別できるものなのか，社会的に構築されるのはジェンダーのみであり，生物学的な性のありようは「自然」であり所与であるのか，疑問が投げかけられている。身体についても一定の価値や意味が社会的に付与されていることが指摘されるなど，セックスとジェンダーの間の連続性についての議論は続いている。［7章］

自文化中心主義 (ethnocentrism)

　自己の文化が他の文化より優れているとする考え。自民族中心主義と呼ばれたり，エスノセントリズムとカタカナで表記されることもある。人は自分が育つ環境の中で，その文化が規定する「適切」なこと，「正しい」ことを学ぶ。そしてその「適切」なこと，「正しい」ことを基準として，他の文化を判断してしまう。多くの人は，普段の生活で，自文化を「最も正しい」，「自文化が絶対である」と意識することはあまりない。しかし，異文化接触の場面では，自然に自文化の価値基準で物事を判断してしまう傾向がある。例えば，時間に厳密な文化（モノクロニック文化と呼ぶ）の人が，そうではない文化（ポリクロ

ニック文化と呼ぶ）から来た人と仕事をした場合，ミーティング時間へ遅れてくることや提出物の期限を守らないポリクロニック文化の人を「やる気がない」「時間にルーズ」と判断するようなことである。

自文化中心主義とは反対の考え方に文化相対主義（cultural relativism）がある。どの文化もそれぞれの環境の中で作られてきたものなのだから，どちらの文化がよりよいということはないとする考え方を指す。[6章]

社会システム（social system）

パーソンズからルーマンに受け継がれて発展した機能主義的な社会観。だが，パーソンズとルーマンとではその内実は大きく異なる。パーソンズの場合には社会システムを構成する要素は人間の「行為」であるが，ルーマンの場合，社会システムを構成する要素は「コミュニケーション」であって，その連鎖的な接続によって社会システムは成立・持続する。コミュニケーションの連鎖が途切れる時，社会システムは消滅する。その意味で，ルーマンにとって「社会」とはコミュニケーションの別名である。[4章]

社会実在論（social realism）／
社会名目論（social nominalism）

社会に関する相対立する見方で，前者は，社会及びその秩序が個人の意識とは独立に存在するという立場を，後者は社会とはあくまで個人の集合体に付与した名称的存在に過ぎず，実在として存在しているのは個人あるいは個人と個人との相互作用であるとする立場をいう。前者を代表するものとして，フランスの社会学者エミール・デュルケム，後者ではドイツの社会学者マックス・ウェーバー，同じくゲオルグ・ジンメルがあげられる。[3章]

社会ネットワーク分析（social network analysis）

社会ネットワーク分析は，グラフ理論を数学的な基盤とし，社会的な行為主体間の相互作用を，その関係の構造に基づいて計量的に分析する手法である。社会ネットワークは図以外にも行列（ソシオマトリックス）で表すことができ，行列の計算による関係構造の演算が可能になる。例えば図1（187ページ）の社会ネットワークを行列で表すと，以下のようになる。

	エゴ	A	B	C
エゴ	0	1	1	1
A	1	0	0	0
B	1	0	0	0
C	1	0	0	0

　エゴの行とAの列が交わるセルに入った1という値は，エゴとAの間にリンクが存在することを示す。他方，Aの行とBの列が交わるセルに入った0という値は，AとBの間にリンクが存在しないことを示す。この値は0か1の二値でなくてはならないわけではなく，リンクの強度や頻度を表すためにそれ以上の値であってもよい。また，この行列は関係が対称的（ある行為者XからYに対して1のリンクが出ている場合にはYからXにも1のリンクが出ている）なものになっているが，2者間の関係は対称的でなくともよい。この非対称性を図で表現する際には，リンクに矢印をつけて方向性を示す。なお，本章でのデータの分析には社会ネットワーク分析専用ソフトウェア「UCINET」，図の描写には「Pajek」を用いている。日本語で読める解説書としては，「UCINET」については安田・金坂（2005），「Pajek」についてはデノーイ他（2005＝2009）をみよ。［8章］

社会ネットワーク論（social network theory）
　社会ネットワーク論は，個人に外在する社会のパターン（構造）がその社会に生きる個人の行為に影響を及ぼすという「構造主義」の立場をとるものであり，基本的にその枠組みの中では点と線との関係構造以外の変数，例えば行為主体の属性や相互作用によって生じた事象等を取り扱わない。社会ネットワーク論についてある程度内容が平易で，日本語で読めるものとしては安田（1997；2001），平松他（2010），金光（2003）がある。［8章］

受諾獲得戦略（compliance gaining strategy）
　ターゲットから承認を引き出すために，行使者（agent）が行うコミュニケーション的な方略。見返りの約束，脅し，報酬，報い，好印象，前渡し，過去の貸し，不利益の示唆，倫理への訴え，自尊心への訴え，利他精神への訴求などが含まれる。ただし，男女の違いや，親密か疎遠な関係であるか，支配的か

従属的な関係であるかなどの影響を受ける。[1章]

純粋な関係性（pure relationship）

　イギリスの社会学者アンソニー・ギデンズが提唱した概念で，後期近代における人間関係の特徴を表す。関係それ自体が自己目的化し，外部によって支えられないために，きわめて不安定なものとなる。家柄，身分，打算をいっさい排除した近代的な純愛，ロマンティック・ラブなどにその特徴が顕著に見られる。こうした関係の不安定性から，逆にデートDV，ドメスティック・バイオレンスといった暴力現象も生じやすくなる。これらは不安定な関係性を暴力によって制御しようとするものである。[3章]

情報伝達構造（information structure）

　メッセージの送り手はその伝達の言語表現・形式を選択・構成する。伝えられる情報は，先行談話で聞き手に知られていない新情報と，すでに知られている旧情報とに分かれる。英語では主語に旧情報を置くのが普通であり，新情報の内容が，文末・述部部分に意味伝達の「焦点」として置かれることが多い。日本語では主部の「〜は」等により，トピック（話題）を示すが，旧情報とは限らない。[2章]

信憑性（credibility）

　同じことを言っても，信憑性の高い人の方が低い人が言った場合よりも，聞き手が説得される可能性は高い。聞き手が，話し手の正直さ，知識，経験，ユーモアセンスの事前情報を持っていた場合，評判（reputation）に影響を受けるためであり，ハロー効果（halo effect）や光背効果と呼ばれる。話が始まってからも，話し手は声の質，議論のレベル，言葉の選択，アイコンタクト，ジェスチャーによっても，聞き手に対する信憑性を増すことができる。前者のようなメッセージ提示前の影響を初頭信憑性と呼び，後者のような提示中や提示後の影響を派生信憑性と呼ぶ。[1章]

心理主義（psychologism）

　心理学的知識が重要性を増し，かつ社会全体に広く普及する事態を意味する。

人々は心理学的知識を学習することで，過度に自己反省的，再帰的状態に陥る。こうした心理学の過大視は，個人の心理には帰属できず，本来的には社会の構造的問題に起因する負の観念や感情を，社会問題の解決によらず，自己責任化する傾向を生み出す。しばしば心理主義化する社会（psychologized society）という表現も用いられる。[3章]

ステレオタイプ（stereotype）

語源は印刷のステロ版（鉛版）で，判で押したように同じ考えや態度が多くの人に浸透している様子を指す。アメリカ人ジャーナリスト，ウォルター・リップマン（Walter Lippmann）によって紹介され，一般に広まった。現在では，特定のグループの構成員に対しての単純化されたイメージや信じられていることを意味し，日常用語の1つとして定着している。

ステレオタイプは，一般的には特定のグループへの一般化されたイメージを指す。事実に基づいたステレオタイプもあるが，多くはグループの一部の人に当てはまる特徴が誇張されたものや，中には全く根拠のないものもある。ステレオタイプに判断や評価が加わったものは偏見と呼ばれ，ステレオタイプと区別することもあるが，厳密な線引きは難しい。いずれにせよ，ステレオタイプはある種の枠組みとして，人にバイアスを持たせる役割を果たしており，個人的な違いを無視し，一部の特徴をその文化に属する人全てにあてはめようとした場合には，危険なものになり得る。[6章]

段階的要請法（foot-in-the-door technique, FIDT）／譲歩的要請法（door-in-the-face technique, DIFT）

FIDTは，最初に小さな依頼をして，だんだん大きな依頼をしていく方法。相手は，すでに小さな要請に承諾しているので，後から大きな依頼をされても断りにくい。DIFTは，とても受け入れられない大きな依頼の後で，真の小さな要請をして承諾させる方法。相手は，提案者が譲歩しているため，譲歩の返報性に基づいて自分も譲歩しなければいけない気持ちを感じる。[1章]

覇権的マスキュリニティ（hegemonic masculinity）

オーストラリアの研究者レイウィン・コンネルの論考により広まった用語。

社会には様々なタイプの男性性（masculinity）と女性性（femininity）があり，それらの間に見られる順列をジェンダーヒエラルキーとして捉え，その頂点にある男性性を覇権的マスキュリニティと呼ぶ。[7章]

複雑性の縮減（reduction of complexity）

システム理論では，選択肢が増大して予測が困難となった事態を「複雑性の増大」と呼ぶが，複雑化した環境に適応するために，システムが事態を単純化するために導入するのが「複雑性の縮減」という戦略である。複雑性の縮減によって，システム環境の選択肢は大幅に減少し，予測が容易になる。[4章]

文化スキーマ（cultural schema）

ある状況で，同じ文化の人々と何回もコミュニケーションを図るうちに，そのような状況でのコミュニケーション行動に必要な知識（スキーマ）が長期記憶に貯蔵される。さらに，同じような状況でコミュニケーションを繰り返すうちに，スキーマの組織化は進み，そのスキーマは活性化されやすくなると考えられる。同文化内では，周りの人々も同じようなスキーマを共有しているため，情報伝達はこのスキーマを通してスムーズに行われるようになる。これを文化スキーマと呼ぶ。言い換えれば，文化スキーマが文化内の人々の行動様式を特徴付けているとも言える。認知科学者が「スキーマ」と呼ぶ概念を，異文化間コミュニケーションの分野に応用した見方である。[6章]

メディア史観（media theoretic view of history）

技術決定論的な観方にもとづいて立てられたメディア論の歴史観。それによれば主導的なメディアの推移に応じて社会や人間のあり方は歴史的に変容を遂げる。本文で取り上げたイニス，マクルーハン，オングらはいずれもメディア史観に与し，〈声〉→〈手書き文字〉→〈活字〉→〈電気〉というメディア変遷ではほぼ見解が一致するが，強調点が異なる。すなわち，イニスは政体，マクルーハンは感覚，オングは心性が，メディアによってそれぞれ決定されると説く。[4章]

メディアパラダイム（media paradigm）

ある特定のメディア技術によって再帰的に作り出された閉鎖的なコミュニケーションのシステム。各メディアパラダイムは完全に自足的に自立しており，別のメディアパラダイムと相容れることはない。例えば〈声〉のメディアパラダイムは，〈文字〉のメディアパラダイムとは相互排他的な関係にある。現在は，本文で見た通り〈マスメディア〉パラダイムから〈ネットワークメディア〉パラダイムへの過渡期にあると考えられる。［4章］

メンタリング（mentoring）

組織において，心の悩みを含めた従業員が抱える様々な問題に対処するため，その組織の先輩や上司等の経験者や外部の専門家・有識者がメンターとなり，その相談に乗ったり，助言を与えたり，話をきいたりすることおよびその制度である。近年，日本の従業員のメンタル・ヘルスへの対策が非常に重要な課題となっており，その対処としてこの制度を有する組織が増えている。組織コミュニケーションに関係する施策の1つと言えよう。［5章］

予防接種理論（inoculation theory）

人が事前に反対意見にさらされていると，将来的に同じ反対意見を聞いても免疫ができているとする理論。また，ターゲットがあまり知識を持っていない場合，提案の良い面だけを提示する一面的メッセージ（one-sided message）の方が一般に効果は高い。逆に，ターゲットの知的レベルが高かったり，かなりの知識や情報を持っていたりする場合，良い面と悪い面の両方的メッセージ（two-sided message）の方が効果は高い。［1章］

リスク社会（risk society）

ドイツの社会学者ウルリヒ・ベックによる概念。リスクとは，一般的な意味での危険とは区別され，範囲が限定されず，予測できない後期近代に特徴的な危機的状態を意味する。自然環境問題，テロリズムなどが挙げられる。リスク社会では，そうした無限定，予測不能なリスクが拡大する一方，リスクを回避するために，個人の自己責任が強調される傾向がある。［3章］

あとがき

　本書は，明治大学情報コミュニケーション学部・研究科を担当する専任教員が集まって企画した，はじめての入門書です。現代の情報社会の諸問題に「情報コミュニケーション」の視角からアプローチする8つの手法を，8人の教員が分担執筆しています（そのうち1名は出版時には他大学に移りました）。

　情報もコミュニケーションも，日常的に多用される身近な言葉です。しかし，その内実を改めて検討してみると，それらの言葉の明確な意味を定義することさえ，きわめて難しいとわかります。学説を調べても，論者によって異なる見方が提出されており，見解の一致をみるのは絶望的という実情です。その一端は，本書に収められた各章の情報やコミュニケーションについての記述を通覧しても，感じとれることでしょう。

　情報コミュニケーション学の基礎となるコミュニケーション・スタディーズは，学際的な見地から，社会の現在を見すえて人間の今にアプローチするディシプリンと言えます。その際に，先にも触れたとおり，情報とコミュニケーションが分析の視座として要をなすと考えています。とりわけ，今世紀に入って急速に普及したインターネットという社会インフラが，社会の情報化を劇的に推進し，コミュニケーションのあり方を根本から変質させています。情報技術がこれまでにない構造的変動を社会にもたらしつつある実態を一見するだけでも，われわれのアプローチが当を得たものであると，同意が得られると思っています。

　情報とコミュニケーションの視座からのアプローチが重要であるというコンセンサスがある一方，他方では，情報概念やコミュニケーション観についての認識に齟齬があります。こうしたねじれた事態が，われわれの情報コミュニケーション学のスタート地点でありました。

　学部立ち上げ間もないころは，学生たちが学問的アイデンティティ・クライシスに陥りかけたこともあって，なんとかわれわれの間で統一的な「情報コミュニケーション」の定義を模索しようと議論を重ねたこともありました。けれ

ども，年を経るにしたがって，むしろ「見解の相違は相違として認めることの重要性」を認めていく方向に，われわれは進んでいます。それはもちろん，けっして相違を放置することを意味するわけではありません。相違が存在するという現実を素直に認め，そしてそのことを自らの立論へとフィードバックさせ，また自らの立場の相対性の認識に役立てるほうが生産的ではないか，そのことに思い至ったのです。

　立場や見解の相違をはらみつつ，緩やかな連帯を維持すること，それが，情報とコミュニケーションにまつわる多様性や柔軟性を担保することになるはずです。現在のところ，こうしたスタンスがわれわれの共通認識であり合意事項であります。こうしたわれわれのスタンスを学生の方でも感じ取ってくれているようで，ゼミ論文の研究テーマや就職先も，芸能やエンターテイメントから，マスメディアや法律に至るまで，まさに多様性の宝庫となっています。

　日本社会は今，未曾有の危機を迎えています。こうした危機的状況の中でこそ，多様で柔軟な姿勢が重要であると，痛感しているしだいです。

　最後になりますが，本書の出版にあたっては，当研究所から出版補助金を拠出しております。編集の仕事にあたっていただいた，大修館書店の北村和香子さんに深く感謝いたします。

　2011年4月

　　　　　　　　　　　　　　　明治大学情報コミュニケーション学研究所

事項索引

ア

ARPANET　105
合図　53
愛する対象　32
アイデンティティ　52, 145-148, 158
AIDMAの法則　28
AIDMAPの法則　29
i-mode　105, 106
アコモデーション　50
網版印刷　104
アンカーポイント　23
暗号化　88
育児・介護休業法　171
育児休業　169-171
イクメン　171
異性愛　176, 177
異性愛指向　175
一貫性　26
一貫性と認知的不調和理論　24
一貫性理論　24
逸脱　175-177
一般化された他者　75, 76
異文化間コミュニケーション・コンピテンス　137-140, 143, 154
異文化間能力　139
異文化接触　150, 154
異文化適応　137, 150
印象操作　77-82
インターネット　104-109
ウィンドウズ95　105
ウーマンリブ　165

Web 2.0　106
内集団　147-149
内集団バイアス　149, 204
裏局域　80
映画　103-105
エール方式　20
液状化　69
エゴ　79, 187-190, 193, 194, 196, 199-201
エゴセントリックネットワーク　190
SNS　108
NREN　105
FTA　46, 47
M字型曲線　168
LGBT　175, 204
オーディエンス　79, 80
表局域　80

カ

解釈する力　40
解消理論　30
鏡に映った自我　147
鏡ニューロン　44
隠れた権威　50
価値の再確認　31
活字　96-99
カルチャー・ショック　137, 150-152
感覚配合比率　96, 97
関係　42-45, 204
関係発展の段階　43
関係を築く力　40, 41
間主観性　54, 55
感情移入　114
感情に基づく説得　19
勧誘的な発話　49
気配り発話　49
記号化　114, 116

記号解読　114, 116
技術決定論　95, 205
帰属　149
帰属理論　26
キネトスコープ　104
決めつけ型　48
客我（Me）　74
逆カルチャー・ショック　151
客観的世界　84
旧情報　58
協同学習　6, 12-14
恐怖アピール　29, 205
距離　194-197, 201
クィア研究　175, 205
空間偏向　95
クリーク　200
クリティカル＝ディベート　13
クリティカル・シンキング　14, 15
グループ間行動　148
グループシンク　126
ゲイ・レズビアン研究　175
計画行動　27
経済的安定　31
ケース＝スタディ　13
ゲーム　75
結束性　59
権限委譲　125-127, 206
交感的　52
好機　19
高コンテクスト文化　51
公私分離　166, 167, 169
構造的すき間　198
構造的すき間理論　197, 202
行動的側面　11
行動能力査定法　139
効率性　188-190, 201
声　96-100

コーチング　115, 125, 127-131
コード・スイッチング　53
国際女性年　173
個人化　69
個人的アイデンティティ　146
個体能力主義　184, 202
小包の比喩　89
コミュニケーション信頼　123, 206
コミュニケーション的行為　84, 90, 206
コミュニケーション的有能さ　4-12, 18
コミュニケーション能力　40
コミュニケーションの有効性　138
コメント　59
コンセンサス　26
コンテクスト　51-54, 207
コンテクスト化　53
コンバージェンス（収斂）　50
コンフリクト　112, 115, 117-120, 131
コンフリクト・コミュニケーション　122
コンフリクト・コミュニケーション・コンピテンス　119-121, 123
コンフリクト・コミュニケーション研究　119
コンフリクト・コンピテンシー・スキル　118
コンフリクト・コンピテンス　118
コンフリクト・コンピテント・リーダー　119, 121
コンフリクト・マネジメント　114, 117-121, 127, 131
コンフリクト・マネジメントスタイル　120
コンフリクト対処　118

サ

再生産　177
作動　91
差別　148
参与観察　54
ジェンダー　158, 159, 177, 178, 207
ジェンダー・アイデンティティ　160, 161, 175
ジェンダーの差異化と再生産　178
ジェンダーの二分法　161
自我の関与　24
時間偏向　95
自己開示　43, 48, 114, 128
自己概念　45
自己管理型チーム　125-128
自己責任　69
自己知覚理論　27
自己呈示　77-82
自己のイメージを維持・表示する力　41
次数中心性　198
自尊心の充足　31
実在論　66
シネマトグラフ　104
自文化中心主義　148, 207
社会運動　165
社会システム　91, 208
社会実在論　65, 208
社会的アイデンティティ　146
社会的アイデンティティ理論　148
社会的アプローチ　10
社会的孤立　183, 184
社会的世界　84
社会ネットワーク分析　189, 208
社会ネットワーク論　191, 198, 200, 202, 209
社会判断理論　23

社会名目論　65, 66, 208
周辺の通り道　28
重要な他者　74-76
主我（I）　74, 76
主観的世界　84
受諾獲得戦略　22, 209
純粋な関係性　68, 69, 210
状況スキーマ　143
消極的フェイス　46
消極的ポライトネス　47
冗長性　189
象徴的一般化メディア　92
情緒の要素　11
焦点　58-60
情報伝達　58
情報伝達構造　59, 210
譲歩的要請法　21, 211
女性運動　160, 165
女性解放運動　165
女性性（フェミニニティ）　160
女性の連帯　172, 174
シンク＝ペア＝シェア　13
新情報　58
信憑性　210
新聞　101-104
心理主義　71, 210
真理性　84, 85
心理的アプローチ　10
スキーマ　140-145, 148, 150, 153, 154
スクリプト　143
ステレオタイプ　144, 153, 154, 211
成果メディア　92
誠実性　84, 85
性同一障害　175
正当性　84, 85
性別役割分業　163
精密化見込みモデル　27

性役割　160
セカイ系　66
セカイ系的　68
世界女性会議　173, 174
積極的フェイス　46
積極的ポライトネス　47
接触仮説　154
説得　17, 18
戦略的行為　90
so　53
相互行為　89
創造性のはけ口　32
双方向性　107
相補性　48
ソシオグラム　187, 188, 190-192, 194, 197, 200
ソシオセントリックネットワーク　190
組織コミュニケーション　113
組織コミュニケーション・コンピテンス　113-116, 119, 122, 125, 131
組織コミュニケーション・コンピテント・リーダー　122
組織コミュニケーション学　112
外集団　147-149

タ

大衆　107, 108
対人　50
対人コミュニケーション　40
対人の関係　42
ダイバージェンス（逸脱）　51
大分水嶺理論　97, 98
妥当性要求　84
W-カーブ仮説　151, 152
段階的要請法　21, 211
男性性（マスキュリニティ）　160

談話　49, 50, 54
談話標識　53
談話分析　55
地域通貨　184-186
地域通貨組織　190, 191
チーム　112, 118, 125-128
チーム・コンピテンシー　126
地球村　97, 98
中央の通り道　28
中心―周辺モデル　191
紐帯　182, 184, 186-189, 193, 197, 198
調和理論　25
沈黙　100
Twitter　108, 109
強い紐帯　199, 200
ティー・パーティ実験　44
低コンテクスト文化　51
distancing　56
手続きスキーマ　143
テレビ　96-98, 102-105, 108
電信　104
伝播メディア　92, 93
動機づけの配列　22
同性愛　175
同性婚　175
同調　44
トピック　59
ドメスティック・バイオレンス　163
トランスジェンダー　175
トロント学派　98

ナ

ニコニコ動画　107, 109
二者の関係　42, 43
2ちゃんねる　107-109
ニューズレター　104
認知的能力　11

ネット-ワーク　106-109
ノイズ　88
ノード　187, 192-195

ハ

パーソナルコンピュータ　105
パーソナルネットワーク　190
バーナキュラー　52
覇権的マスキュリニティ　160, 211
パフォーマー　79, 80
非決めつけ型　48
批判的アプローチ　11
ファシリテーション　114, 125, 127, 129, 131
ファシリテーター　127, 128, 130
フィルター　43
フェイス　45-48
Facebook　108, 109
復号化　88
複雑性の縮減　92, 93, 212
不調和理論　30
フランクフルト学派　89
ブリッジ　198, 201
プレイ　75
プロシューマー　107
文化　135, 141
文化スキーマ　141-144, 150, 212
文化スキーマ理論　142
文化的アイデンティティ　145, 146
文化特定　140, 152
文化の定義　135, 136
文化普遍　139, 140, 152
文末焦点　58
分類化　144, 148
平和部隊　137
ペーパー＝セミナー　13
ヘテロノーマティヴィティ　175

偏見　148
返報性　48
放-送　102-108
ホールネットワーク　190
ポライトネス　46-48

マ

マスコミュニケーション　99-102
マスメディア　99-104, 106, 107
マッキントッシュ　105
mixi　108, 109
密度　192-195, 201
無縁社会　183
メーンフレーム　105
メディア技術　93, 94, 98-100, 103-106, 108
メディア史観　97, 98, 212
メディアパラダイム　87, 98, 99, 103-106, 108, 212
メディア論　95-97
メンタリング　129, 213
モールス符号　88
目的に向けての計画の能力　41
文字　96-100
物語性　50
模倣行動実験　44

ヤ

役割距離　49
役割スキーマ　142-144, 153
役割についての力　41
優越理論　29
U-カーブ仮説　151
YouTube　107, 109
ユーモア　28
予防接種理論　34, 213
弱い紐帯　199-201

弱い紐帯の強さ理論　199, 202

ラ
ラジオ　102-105
ラポール　44
リエントリー・カルチャー・ショック　151
利害予防策　56
リスク社会　213
理想的発話状況　85, 90

理由づけ行動　27
両性愛　175
リンク　182, 187, 188, 192-195, 198
レジスター　52
レトリック　18
ロール＝プレイ　13
論理に基づく説得　19
話者の信憑性に基づく説得　19
3つのP　56

人名索引

ア
アジェン，I.　27
アリストテレス　14, 18, 19
イーグレー，A. H.　27
井出祥子　48
イニス，H.　95, 96
井上和子　60
ウィーバー，W.　87-89, 93
ウェルマン，B.　186
内田照久　48
エジソン，T. A　104
エニンガー，D.　22
大場惑　66
オバーグ，K.　150
オング，W. J.　97, 98

カ
カシオッポ，J.　27
ガンパーズ，J.　51, 53

ギデンズ，A.　68
グーテンベルク　96
クーリー，C. H.　147
グラノベッター，M.　199, 200
グロンベック，B.　22
コールマン，J.　197
ゴフマン，E.　45, 49, 70, 77-80

サ
ザトラウスキー，P.　49
シェイクスピア，W.　28, 71
シフリン，D.　53, 54
シャノン，C. E.　87-89, 93
ジョンストン，B.　53
新海誠　66

タ
タジフェル，H.　148
ダック，S.　43
チェイフ，W.　50
チャイキン，S.　27
トフラー，A.　18
トレンホルム，S.　40, 42, 45

ナ

ナップ, M. 43

ハ

バート, R. 197-199
バーネイズ, E. L. 19
ハーバーマス, J. 5, 11, 70, 83-85, 87, 89, 90, 93
パーロフ, R. M. 28
ハイムズ, D. 40
バウマン, Z. 69
パッカード, V. 31, 34
東浩紀 66
フィッシュバイン, M. 27
ブラウン, P. 46, 47
プリンス, E. 58
ペティ, R. 27
ベム, D. J. 27
ボーヴォワール, S. 177
ホール, E. 44, 49, 51
ホブランド, C. I. 20
ホメロス 98

マ

マクルーハン, M. 96-98, 100
マズロー, A. 42
ミード, G. H. 70, 73-76
ミラー, G. 42
メルツォフ, A. 44
モンロー, A. 22

ラ

ラボブ, W. 50
リップマン, W. 20
リュミエール兄弟 104
ルーベン, B. D. 138
ルーマン, N. 88, 91-93, 100-102
レビンソン, S. 46, 47

ワ

綿矢りさ 77

[編著者紹介]
鈴木　健（すずき　たけし）　編集および序章，第1章担当
ノースウエスタン大学大学院よりコミュニケーション学博士号（PhD）取得。南カリフォルニア大学客員教授を経て，現在，明治大学情報コミュニケーション学部准教授。専門は，レトリック批評。主な著書に『政治レトリックとアメリカ文化』（朝日出版社），『説得コミュニケーション論を学ぶ人のために』（共編著，世界思想社）等。

[著者紹介]
石川邦芳（いしかわ　くによし）　第2章担当
イエール大学院にて言語学博士・哲学修士。UCB及びMITにて客員研究員。現在，明治大学情報コミュニケーション学部准教授。専門は談話と構造の境界域・対人の語用論。主な著書に『Discourse（abbr.）』，『意味と形のインターフェイス』（共著）。

出口剛司（でぐち　たけし）　第3章担当
東京大学大学院人文社会系研究科博士課程修了。博士（社会学）。フランクフルト大学社会研究所客員研究員（2005-06）。東京大学大学院人文社会系研究科准教授。主な著書に『エーリッヒ・フロム』（新曜社）。

大黒岳彦（だいこく　たけひこ）　第4章担当
東京大学大学院科学史・科学基礎論博士課程単位取得退学後，日本放送協会（NHK）で番組制作ディレクター。2000年，東京大学大学院情報学環へ。2008年より明治大学情報コミュニケーション学部教授。著書に『〈メディア〉の哲学』（NTT出版）等。

山口生史（やまぐち　いくし）　第5章担当
ハワイ大学大学院（修士［コミュニケーション］），国際基督教大学大学院（博士［学術］）修了。南カリフォルニア大学経営大学院客員研究員（1999-2001）。明治大学情報コミュニケーション学部教授。専門は，コミュニケーション学および組織行動学。

根橋玲子（ねばし　れいこ）　第6章担当
ミシガン州立大学大学院コミュニケーション学研究科より博士号取得（Ph.D.）。現在，明治大学情報コミュニケーション学部准教授。専門は異文化間・対人コミュニケーション学。著書に『コミュニケーション論序説』（共著，放送大学教育振興会）等。

田中洋美（たなか　ひろみ）　第7章担当
ボーフム・ルール大学社会学博士。現在，明治大学情報コミュニケーション学部特任講師。専門は社会学，ジェンダー研究。著書に *Japanische Frauennetzwerke und Geschlechterpolitik im Zeitalter der Globalisierung*（単著，Iudicium），*Gender Dynamics and Globalisation*（共著，LIT）等。

中里裕美（なかざと　ひろみ）　第8章担当
立命館大学大学院社会学研究科博士課程修了。博士（社会学）。現在，明治大学情報コミュニケーション学部専任講師。専門は，地域通貨研究，社会ネットワーク論，経済社会学。主な著作に「地域通貨の取引行為にみられる経済─社会の相互関係に関する一考察─社会ネットワーク論の視点から」（単著，『経済社会学会年報』）等。

コミュニケーション・スタディーズ入門
© Takeshi Suzuki, 2011　　　　　　　　NDC300／v, 224p／21cm

初版第1刷──2011年7月10日

編著者────鈴木　健（すずき　たけし）
発行者────鈴木一行
発行所────株式会社　大修館書店
　　　　　〒113-8541　東京都文京区湯島2-1-1
　　　　　電話03-3868-2651（販売部）／03-3868-2294（編集部）
　　　　　振替00190-7-40504
　　　　　［出版情報］http://www.taishukan.co.jp

装幀者────杉山伸一（B.C.）
印刷所────広研印刷
製本所────牧製本

ISBN978-4-469-21334-8　Printed in Japan

Ⓡ本書のコピー、スキャン、デジタル化等の無断複製は著作権法上での例外を除き禁じられています。本書を代行業者等の第三者に依頼してスキャンやデジタル化することは、たとえ個人や家庭内での利用であっても著作権法上認められておりません。